ANSELM BILGRI

Stundenbuch eines weltlichen Mönchs

ÜBER DIESES BUCH

Das benediktinische »ora et labora«, das Gleichgewicht von aktivem Leben und innerer Ruhe ist für Anselm Bilgri auch nach seinem Abschied von Kloster Andechs das wertvollste Instrument der Lebensgestaltung. Ursprünglich halten die Mönche viermal am Tag Besinnung und geben so dem Tag, der Woche, dem Jahr einen Rhythmus, jenen Wechsel von An- und Entspannung, der sie die Zeit bewusster erleben lässt.

Bilgri bedient sich der alten Form des Stundenbuchs, um jenen Rhythmus für uns nachvollziehbar zu machen. Dabei setzt er sich mit dringlichen Fragestellungen und Themen unserer Zeit auseinander und gibt sehr persönliche Denkanstöße: Um welche Werte jenseits der materiellen geht es? Worin zeigt sich Gott heute? Wer bin ich? Was könnte Glück sein?

ANSELM BILGRI, 1953 geboren, trat 1975 ins Benediktinerkloster Andechs ein und studierte in Passau, München und Rom Philosophie und Theologie. 1980 Weihe zum Priester durch Kardinal Joseph Ratzinger. 18 Jahre lang leitete er die erfolgreichen Wirtschaftsbetriebe von Andechs. 2004 verließ er das Kloster und gründet das Zentrum für Unternehmenskultur, das Unternehmen über werteorientierte Beratung zu einer Balance zwischen materiellem und immateriellem Erfolg führt. Zuletzt erschien: »Finde das rechte Maß«. Bilgri lebt in München.

Mehr zum Autor: www.a-zu.de

ANSELM BILGRI

Stundenbuch eines weltlichen Mönchs

In Zusammenarbeit mit
Gerd Henghuber

Piper
München Zürich

Von Anselm Bilgri liegt bei Piper vor:
Finde das rechte Maß. Benediktinische Ordensregeln für Arbeit und Leben heute

ISBN-13: 978-3-492-04732-6
ISBN-10: 3-492-04732-7

Umschlag: Jorge Schmidt, München
Gesamtherstellung: Kösel, Krugzell
Printed in Germany

www.piper.de

Inhalt

Vorwort

Als ich vor fast zwei Jahren aus dem Kloster Andechs aus- und in eine Münchner Altbauwohnung einzog, ging es mir wie den meisten meiner früheren Gäste im Kloster. Viele Teilnehmer von Exerzitien oder Seminaren hatten mir später gesagt, dass das, wovon sie im Kloster am meisten profitiert hätten, die klare Struktur des Tages, die Reduzierung der Zeit auf einige wenige, aber wesentliche Dinge gewesen sei. In den ersten Monaten meines neuen Lebens habe ich das Gleiche erfahren und gelernt, wie wichtig Ordnung in meiner persönlichen Zeit ist.

In meiner Schwabinger Wohnung weckt mich niemand zum Morgengebet oder ruft zum Gottesdienst. Niemand hält mich, wie im Kloster, zum Wichtigen an. Im Gegenteil: das Unwichtige drängt sich in mein Leben. Ich habe erfahren, dass es kein besonderer Genuss ist, gleichzeitig zu essen und fernzusehen. Dass es für mich gar nicht so einfach ist, am Wochenende aufzustehen, wenn ich eigentlich gar nichts zu tun habe. Dass man im Trubel des Alltags, wenn man nicht aufpasst, schnell aus den Augen verlieren kann, was einem wichtig ist.

Solche Erfahrungen haben mich noch einmal veranlasst, darüber nachzudenken, wieso unsere Gäste im Kloster fast immer bereichert nach Hause zurückgefahren sind – in der Tasche neben aktuellen Managementbüchern die 1500 Jahre alte Regel des Benedikt von Nursia. Was kann der Begründer der Benediktiner und damit des abendländischen Mönchtums uns für unseren Alltag heute sagen? Ich bin mir sicher: Es ist die klare Struktur, die Ordnung, die Reduzierung auf wenige grundlegende Dinge, in einer Zeit, in der so vieles unklar und ungeordnet erscheint. In der, und da zitiere ich gern Papst Benedikt XVI., vieles und besonders das Wichtige relativ geworden ist.

Ich habe aus meiner 18jährigen Zeit als Cellerar des Klosters Andechs – Cellerar ist so etwas wie der Geschäftsführer der Wirtschaftsbetriebe des Klosters – versucht zu zeigen, wie gut die Benediktregel nicht nur auf Mönchsgemeinschaften, sondern auch auf die moderne Arbeitswelt passt. Was Manager von den Mönchen lernen können, um Unternehmen und Menschen verantwortlich zu führen. Ich bin immer wieder gefragt worden, ob die Klosterregel auch zu gebrauchen ist, wenn man nicht Cellerar ist, also keine Verantwortung für Unternehmen und Menschen, sondern nur für sich selbst, sein Tun oder Lassen, hat. Die Antwort ist eindeutig ja. Deshalb habe ich dieses Buch geschrieben.

Was also können wir von Mönchen lernen, um unser Leben zu führen? Die wichtigste Antwort vorneweg: Wir können uns Zeit nehmen. Und damit sind wir schon beim zentralen Begriff dieses Stundenbuchs: unserer Zeit. Sie ist unübersichtlich geworden – sowohl unsere Zeit in einem allgemeinen Sinne mit ihren vielen Widersprüchen, Unklarheiten und Fragezeichen als auch unsere ganz eigene, persönliche Zeit oder das, was wir daraus machen.

Wie gehen wir mit dem Geschenk der uns gegebenen Lebenszeit um? Wie wertschätzen wir sie, wie nutzen wir sie? Stöhnen nicht viele über viel Arbeit und können sich nichts Schöneres vorstellen, als am Wochenende bis über Mittag auszuschlafen? Wird nicht allzu oft die viele Zeit, in der wir arbeiten, als vergeudete, abgesessene, sinnlose Zeit empfunden, anstatt zumindest dankbar dafür zu sein, dass sie Auskommen und Wohlstand sichert? Man könnte sich freuen, dass man Verantwortung trägt. Dass man Dinge bewegt, Werte schafft, Menschen hilft, Wissen mehrt.

Und auch ein Blick auf das scheinbare Gegenstück der Arbeit, die Freizeit, verstört: Sind wir in unserer Freizeit tatsächlich frei? Oder bemühen wir uns nach Kräften, uns die freie Zeit zu vertreiben, sie manchmal sogar totzuschlagen? Soziologen haben bereits die Erlebnisgesellschaft ausgerufen, und ich denke, sie haben Recht. Viele jagen heute den verrücktesten Vergnügungen hinterher, Extremsportarten, Einkaufserlebnissen, Abenteuerurlauben, Urlaubsabenteuern. Nicht selten ist Freizeit heute genau das Gegenteil von freier Zeit, obwohl wir formal mehr freie Zeit haben als je zuvor.

Es scheint mir also weniger eine Frage der Menge an freier oder mit Arbeit gefüllter Zeit zu sein, um die es geht. Ich kenne Manager, die sechzig und mehr Stunden in der Woche arbeiten und mehr Zeit für sich und andere haben als Angestellte mit 35-Stunden-Woche und praktischer Gleitzeit. Ich kenne Menschen, die erstaunlich vieles gleichzeitig voranbringen, und andere, die nicht einmal für das Mindeste den Kopf frei haben, weil sie ihre persönliche Zeit als einen ewig gleichen trägen Strom empfinden, in dem sie sich nur mit großer Mühe überhaupt über Wasser zu halten vermögen. Es gibt auch andere: diejenigen, die sich, egal wie viel sie zu tun, wie viel Verantwortung sie zu tragen haben, immer Zeit nehmen können. Und es gibt jene, die alle Zeit der Welt haben, vor ihrer eigenen aber stets davonlaufen.

Ich möchte auf einen weiteren Aspekt aufmerksam machen, bevor ich den Weg aufzeichne, den Benedikt lehrt. Wie halten wir es heute mit den Jahreszeiten? Sind Frühling, Sommer, Herbst und Winter, die das Leben der Menschen in Europa seit Jahrtausenden bestimmt haben, noch Teil unseres Lebens? Geben uns die Jahreszeiten noch einen Rahmen vor, den wir uns bewusst machen? Erkennen wir sie und ihre verschiedenen Stimmungen überhaupt noch? Nehmen wir noch wahr, dass der Sommer die Welt in ein ganz anderes Licht taucht als der Frühling, der Winter anders riecht als der Herbst, und jede Zeit für sich großartig ist? Es hat meines Erachtens viel mit unserem Zeitproblem zu tun, wenn so viele Menschen in der kalten, dunklen Jahreszeit in die Sonne fliehen. Wenn Urlaub nur an Strand und Meer denkbar ist, Freizeit bei Regen geradezu als bemitleidenswert gilt. Wenn die Frage, wann wir wohin den nächsten Urlaub planen, unseren Jahresverlauf ordnet, den wir als ewig gleichen, öden Zeitmatsch empfinden.

Welcher Zeit rennen wir hinterher, wenn wir den Jahreszeiten davonlaufen? Früher, als unsere Gesellschaft noch traditioneller organisiert war, wurde der Jahresverlauf mit vielen großen und kleinen Festen begangen, gefeiert, gemeinsam gelebt. In meiner Jugend haben die Menschen auch in München selbstverständlich Erntedank gefeiert. Der Advent war – was denn sonst? – eine dunkle Zeit, in der man auf das Licht der Weihnacht wartete. Was für eine funkelnde, glitzernde Kirmeswelt machen wir inzwischen lange vor dem ersten Adventswochenende daraus? Ich bin kein Nostalgiker, der glaubt, früher sei alles besser gewesen, doch in diesem Fall, fürchte ich, ist uns eine Menge verloren gegangen.

Ebenso beim Wochenrhythmus. Am siebten Tage ruhte der Herr sicherlich nicht deshalb, weil er so erschöpft war. Bereits in der Bibel ist ein Turnus aus Werktagen und Sonntag festgelegt, aus Arbeit und Freizeit, aus An- und Entspannung, der dem Menschen offenbar gut tut. Heute versuchen wir die Auflösung dieser Ordnung, indem wir alle Tage gleich machen. Wir arbeiten an jedem Tag. Wir kaufen ein. Wir vertreiben uns Tag für Tag auf die gleiche Weise die freie Zeit. Es fehlt die Struktur dafür, innezuhalten. Es fehlt ein Bewusstsein für den Sonntag und dafür, ihn zu nutzen. Ich finde es ja auch bequem, wenn die Geschäfte länger geöffnet haben, als das noch vor Jahren der Fall war. Doch sollte es nicht einen Tag in der Woche geben, an dem wir uns mit anderem befassen als mit Shoppen?

Darunter verstehe ich nicht die Einschränkung persönlicher Freiheit, sondern eine Möglichkeit, um nicht nur von etwas, sondern auch für etwas frei zu sein, nämlich für sich selbst. Das ist ein von vielen Menschen heute nicht mehr verstandener Sinn von Gottesdienst und Liturgie. Ich bin im Kloster keineswegs immer gern in die Kirche zur Messe gegangen. Doch der feste Rahmen der Betzeiten, auch die stets gleiche Form, hat mir Anlass gegeben, mich mit mir und meiner Beziehung zur Welt und zu Gott zu beschäftigen. Wenn ich in dieser Zeit die alltäglichen Geschäfte der Klosterbetriebe weitergeführt hätte, selbst wenn ich gute Gespräche geführt oder ein Buch gelesen hätte, wäre mir das nicht möglich gewesen.

Benedikt von Nursia hat uns allen, nicht nur den Benediktinern, in seiner 1500 Jahre alten Regel einen festen Turnus vorgegeben. Er hat uns gelehrt, mit Zeit, mit unserer Zeit bewusst und verantwortlich umzugehen. Ora und labora, bete und arbeite, dieses Motto kennt jeder, und viele verkennen es, indem sie sich unmündige Mönche vorstellen, deren Leben nur aus Arbeit und Gebet besteht. Das Gegenteil ist richtig. Die Regel Benedikts ist eine Anleitung dafür, den Wechsel von Anspannung und Entspannung, von Außenorientierung und Innerlichkeit bewusst zu leben und beidem Raum zu geben. Wobei ich selbstverständlich Beten in einem sehr viel umfassenderen Sinn verstehe, als es das allgemeine Klischee oder die eigenen Kindheitserinnerungen vielleicht nahe legen.

Beten meint die Rückbesinnung auf sich selbst und auf Gott. Das ist die Spiritualität, zu der ich mit diesem Buch ermuntern will. Nehmen Sie sich regelmäßig Ihre Zeit für sich. Halten Sie mehrmals am Tag inne und lassen Sie Entspannung zu. Denken Sie über das Wesentliche nach, darüber, was Sie tun, was Sie wollen, was Sie beschäftigt. Über das, was Sie fühlen und was Sie ängstigt. Schenken Sie sich Ihre feste Zeit am Morgen, am Mittag, am Abend und vor dem Schlafengehen. Feiern Sie den Sonntag. Das ist, was Benedikt von Nursia unter Beten versteht.

Viel Freude dabei wünscht Ihnen

Ihr Anselm Bilgri

Spiritualität in Leben und Arbeit

Der Begriff Spiritualität kommt vom lateinischen Wort *spiritus* und meint eigentlich Geist oder Hauch. Wir können als Spiritualität das Bewusstsein bezeichnen, dass die menschliche Seele ihren oder der menschliche Geist seinen Ursprung einer göttlichen oder transzendenten Instanz verdankt und zu einer höheren Wirklichkeit in Beziehung steht. Transzendenz bedeutet wie das zugrunde liegende lateinische Wort *transcendere* ein Hinübersteigen in Bereiche des Denkens, die die Wahrnehmung und das Vorstellungsvermögen des Menschen überschreiten. Für Immanuel Kant hat »transzendent« die Bedeutung des Überschreitens aller möglichen Erfahrung. Der Begriff bedeutet für ihn »übersinnlich, jenseitig, übernatürlich«. Für Kant bleibt unsere Erkenntnis auf das beschränkt, was wir sehen und denken können, wie er in seiner »Kritik der reinen Vernunft« darlegt.

Anders die Religion: Sie reicht über das Denkvermögen des Menschen hinaus, überschreitet die Grenzen des menschlichen Verstands und Bewusstseins und ist deshalb sprachlich nur in Ansätzen zu vermitteln. Diese Ausrichtung auf das Jenseits ist ein wesentlicher Unterschied zwischen Religion und Philosophie, wobei der jetzige Papst in vielen seiner Werke die Vereinbarkeit von Denken, Naturwissenschaft und Philosophie mit der christlichen Weltauffassung betont hat: Am Anfang war das Wort. Deshalb, so Benedikt XVI., sei der Beginn der Welt nach christlichem Verständnis denkender Geist. Unser Geist habe Teil an diesem Geist. Nur wüssten wir viel zu wenig von ihm, erahnten höchstens Teile davon. Die Begrenztheit unseres Denkvermögens müsse jedem Denkenden bewusst sein. Im Übrigen lagen Benedikt XVI. und Jürgen Habermas in ihrem berühmten Diskurs »Dialektik der Säkularisierung« in vielen Einschätzungen nahe beieinander. Die Lektüre dieses Gesprächs empfehle ich jedem, der sich für den scheinbaren Gegensatz von Religion und Philosophie interessiert.

Das eigene Leben relativieren und hinterfragen, in Beziehung setzen zu allen anderen Existenzen und zu dem Grund und Ziel aller Existenz, mit der letzten Wahrheit oder höchsten Wirklichkeit, das ist Spiritualität. Wir leben heute, scheint es mir manchmal, in einem Supermarkt der Religionen oder besser der religiösen Formen: Eine Mode jagt die nächste, ein Sonderangebot das andere. Ohne dies bewerten zu wollen, sehe ich darin das wachsende Bedürfnis der Menschen nach Spiritualität, nach einer Einordnung des eigenen Lebens und nach einer Orientierung auf das Ganze, das Große, das Wahre. Spiritualität ist aber mehr als nur Wissen, mehr als nur Theologie. Sie ist die tatsächlich ausgeübte Praxis, aus der heraus ein Mensch eine vertiefte Beziehung zu Gott oder den Zugang zu einer letztendlichen Wirklichkeit, eine innere Erleuchtung oder eine religiös begründete Emotion erlebt. Dabei hat jede Religion, im Christentum sogar jede Konfession, ihre eigene Ausprägung von Spiritualität. Daneben gibt es zahllose esoterische Formen, die Elemente aus verschiedenen Religionen und Weltanschauungen verbinden.

Wir Menschen im aufgeklärten Europa verkennen diese spirituellen Ausprägungen oft und wundern uns darüber, dass der gläubige Moslem fünfmal am Tag in Richtung Mekka betet. Diese Übung hat denselben Sinn wie die entsprechenden Bestimmungen in der Regel Benedikts: Sie ist ein Hilfsmittel, um innezuhalten, den Alltag, das Arbeitsleben für einen Moment abzuschalten, in sich zu gehen, in sich hinein zu hören, damit zu sich zu kommen, zu seinen Gefühlen, Wünschen, Ängsten, zu sich selbst und damit auch zu Gott.

Viele Menschen gehen spontan in Kirchen, um ein paar Augenblicke der Stille zu erleben. Sie empfinden diesen ruhigen, freien, in diesem Moment nur ihnen gehörenden Raum als eine wunderbare Möglichkeit, zu sich zu finden. Auch das ist selbstverständlich Beten. Treten Sie also – bildlich gesprochen – regelmäßig von der stark befahrenen, lauten Straße Ihres Lebens durch ein Tor in einen imaginierten Klosterkreuzgang, stellen Sie die schweren Taschen ab, die Sie seit dem Morgen mit sich tragen, gehen Sie um den Kreuzgang, langsam, nachdenkend, einmal oder mehrere Male.

Das Gleichgewicht von ora und labora

Der Chef der Telekom-Tochter T-Systems Konrad Reiss fühlte sich bei bester Gesundheit, er war sportlich, wirkte ausgeglichen, jung, dynamisch. Bis er im Urlaub einfach umfiel: Herzversagen mit 47 Jahren. Er hinterließ seine Frau, drei Kinder und ein Team, dem er in den letzten Jahren Orientierung und Erfolg gegeben hatte, unter anderem durch das Ende der Pannenserie beim Maut-Konsortium. Todesursache Stress?

Es ist eines der Modeworte unserer Zeit. Wir haben Stress in der Arbeit, Stress in der Freizeit und meinen damit, dass unser Kopf so voll von beruflichen oder privaten Verpflichtungen ist, dass uns kein Raum mehr bleibt für uns selbst. Doch nur viel zu tun zu haben, ist im medizinischen Sinn noch kein Stress – es kommt auf die innere Haltung dazu an. Wenn beanspruchende Herausforderungen positiv erlebt und verarbeitet werden, sie also mit Freude oder Leidenschaft bewältigen will, ist von positivem Stress, dem Eustress die Rede. Um hingegen den krank machenden Distress hervorzurufen, muss eine negative Einstellung, eine Angst, eine übersteigerte Erwartungshaltung dazu kommen, der man sich nicht gewachsen fühlt. Distress wirkt sich auf die Psyche genauso aus wie auf die Befindlichkeit des Körpers. Es kann zu leichten und schweren Krankheiten kommen. Etliche Studien haben die negativen Effekte so genannter Stresshormone belegt.

Seit 1997 hat nach einer Untersuchung der Deutschen Angestellten Krankenkasse die Zahl der Krankmeldungen in Deutschland wegen psychischer Diagnosen um 70 Prozent zugenommen – trotz allgemein sinkenden Krankenstands. Nach der Umfrage eines Führungskräfteverbands bezeichneten sich 2005 39 Prozent der befragten Manager als häufig gestresst und überfordert, ein Jahr zuvor waren es nur 28 Prozent gewesen. Zugleich beurteilten 71 Prozent das Betriebsklima schlechter als früher, 85 Prozent arbeiteten länger. Die Mehrbelastung der Führungskräfte durch Personalabbau wird als extrem hoch angesehen, der steigende Zeitdruck als besonders erdrückend. Offenbar fangen leitende, außertariflich bezahlte Angestellte in Deutschland einen großen Teil der niedrigeren Arbeitszeit tariflich Angestellter sowie einen Teil der durch Entlassungen eingesparten Arbeitszeit auf. Sicherlich hängt die Beschleunigung der Stress-Spirale auch damit zusammen.

In vielen Unternehmen haben Leistungen heute nur noch von Quartal zu Quartal Bestand. Fonds kaufen und verkaufen Unternehmen und orientieren sich dabei oft ausschließlich an der kurzfristigen Rendite. Von gesunden, aber nur normal oder gering profitablen Unternehmen bleibt oft nur noch wenig übrig. Sie werden gekauft, ausgeschlachtet, verkauft. Meist wird der Kaufpreis auch noch aus den Beständen oder als Kredit des übernommenen Unternehmens bezahlt. Ziel ist nicht mehr das Wirtschaften, sondern das bloße Handeln. Führungskräfte, und nicht nur solche, die mit ihrem Unternehmen an Fonds »verkauft« werden, stehen heute jedes Vierteljahr auf dem existenziellen Prüfstand – und mit ihnen alle Mitarbeiter! Wenn sie nicht alles geben, findet man andere.

Das bedeutet Angst, verbietet geradezu Gelassenheit und Souveränität. Bevor eine Strategie wirkt, wird die nächste beschlossen, die Fehlerhäufigkeit nimmt zu, die Kosten steigen, der Adrenalinspiegel auch.

Fatal ist meines Erachtens, dass wir genauso kurzatmig, wie Unternehmensstrategien funktionieren, zusehends auch unsere Freizeit gestalten. Wir übertragen den hohen Leistungsdruck aus dem beruflichen ins private Umfeld. Das gilt in erster Linie bei weitem nicht nur für den Sport. Marathonlaufen etwa war noch vor zehn Jahren einigen wenigen außerordentlich ambitionierten Sportlern vorbehalten. Heute ist diese Extremsportart zu einer Massenbewegung geworden. Es ist auch völlig normal geworden, dass Menschen sich an Segeln von Bergen stürzen, höchste Gipfel besteigen, mit dem Fahrrad am Tag hundert Kilo- und tausend Höhenmeter bewältigen. Ich kenne den vierzigjährigen Inhaber einer Werbeagentur, der im Sommer häufig morgens neunzig Kilometer in sein Büro radelt, den Tag über sein Unternehmen führt, abends die Strecke mit dem Fahrrad wieder zurückfährt, ins Bett fällt und am nächsten Tag dasselbe tut. Manchmal habe ich das Gefühl, dass es für den modernen Menschen freie, ungestaltete Zeit nicht mehr geben darf. Die Freizeit wird mit Anforderungen, Ereignissen, Erlebnissen komplett ausgefüllt – das Leben, ob Arbeit oder Freizeit, wird zur permanenten Anspannung.

Der Grundsatz »ora et labora« ist hierzu ein Gegenentwurf. Es ist die bewusste Übung, jeder Anspannung Entspannung folgen zu lassen, wie sie sich in den Strukturen des über den Tag verteilten Stundengebets und einer klaren Tagesordnung widerspiegeln. Das Ziel ist es, dem Alltag, dem Alltäglichen Grenzen zu setzen.

Der Rhythmus des Lebens

Eine feste Struktur, wie sie ein Tag im Kloster hat, scheint auf den ersten Blick dem Bild des freien Menschen, der jederzeit tun und lassen kann, was er möchte, massiv zu widersprechen. Tatsächlich bin auch ich manchmal ziemlich ungern von meinem vollen Schreibtisch aufgestanden und zum Gebet gegangen. Ich dachte in diesem Augenblick, ich hätte Wichtigeres zu tun. Seien wir ehrlich: Etwas Wichtigeres als zur Ruhe zu kommen haben wir immer zu tun. Wenn es danach ginge, bliebe für Entspannung gar keine Zeit. Die feste Struktur, zu der wir uns als Mönche im Kloster verabredet haben, die aber auch jede Familie, jeder Mensch für sich selbst vereinbaren kann, ist sozusagen die regelmäßige Zwangsabschaltung des Motors, um ihn vor Überhitzung zu bewahren.

Das mag eine selbst gewählte Einschränkung der eigenen Freiheit sein, sie ist aber, dessen bin ich mir sicher, notwendig im Sinn der menschlichen Natur. Unser Körper hat Phasen hoher Leistungsfähigkeit und Phasen, in denen er ruhen möchte. So hat der menschliche Körper seinen Tagesrhythmus, den er nicht oder nur unter sehr großer Anstrengung verändern kann. Bis auf ganz wenige Menschen benötigt jeder von uns eine bestimmte Menge Schlaf von mindestens sechs, sieben, acht Stunden. Mir werden darüber hinaus oft nach dem Mittagessen die Augen schwer. Im Büro allerdings ein Mittagsschläfchen zu halten, wie es in Japan etwa völlig normal ist, kann sich bei uns kaum jemand leisten …

Eine ebenso notwendige Struktur kann in meinen Augen die Woche bieten, denn auch hier wiederholt sich die Abwechslung von An- und Entspannung. Tatsächlich aber löschen wir auch diesen Rhythmus aus, indem wir Arbeit ins Wochenende mitnehmen oder die freie Zeit mit Freizeitbeschäftigung vollpacken. Der Sonntag als besonderer Tag, selbst ohne Gott als Bezugspunkt, findet nicht mehr statt. Auch den natürlichen Rhythmus des Jahres lassen wir mit diversen Hilfsmitteln außen vor. Dass uns im Sommer heiß wird, verhindert die Klimaanlage. Damit wir im Winter nicht frieren, fliegen wir in den Süden. Gegen die Dunkelheit des Herbstes veranstalten wir Weihnachtsmärkte, die wie Volksfeste aussehen, und wenn es im Frühjahr regnet, ist ein Kurzurlaub auf den Kanaren gerade recht. Das Problem ist auch hier die Auflösung einer Ordnung, die dem Menschen eigentlich entspricht, und damit die Eliminierung von Pausen, die der regnerische Sonntag und der dunkle Winterabend eigentlich wären.

Struktur für das Leben

Mir erscheint es sinnvoll, dem menschlichen Lebensrythmus eine Struktur zu geben. Ich spreche von der Kraft der Rituale. Sie machen die Welt einfacher und handhabbarer und erleichtern Entscheidungen. Sie sind Hilfsmittel für unseren Alltag. Ein Tag ist ja eine dichte Abfolge von Tätigkeiten, Erfahrungen und emotionalen Zuständen. Die Zeit, die wir messen können, entspricht dabei nicht immer der Zeit, die wir erleben. Die Zeitungslektüre beim Frühstück vergeht im Flug, die Fahrt zur Arbeit zieht sich, weil uns ein Stau ärgert, die erste Besprechung hört einfach nicht auf, aber das Mittagessen mit Kollegen ist viel zu kurz, die Heimfahrt schrumpft in Vorfreude auf das, was wir vorhaben, zusammen, doch der Abend ist, kaum hat man die Haustür geöffnet, schon vorbei. Wo ist der Tag geblieben? Wo und wie können wir ihn eigentlich richtig erleben?

Die Antwort ist einfach: in den ritualisierten Momenten, die wir für uns organisiert und reserviert haben. Oft sind uns diese Rituale gar nicht bewusst: die Kaffeepause mit Kollegen, der Spaziergang zum Bäcker, um ein Nusshörnchen zu holen, der Dauerlauf um den See, das gemeinsame Abendessen mit der Familie, das Glas Wein mit dem Partner auf der Couch. Ich kenne ein Paar, für das der Sonntag an Wert verliert, wenn die beiden nicht bei einer Flasche Wein den »Tatort« sehen. Telefonanrufe zwischen 20.15 und 21.45 Uhr ignorieren sie.

»Ich habe keine Zeit« lautet eine gängige Klage. Es gibt ja so viele Möglichkeiten, so viel zu tun, zu sehen, zu erleben. Soll man noch schneller rennen, als man bislang schon rannte? Wie der Hase, der nicht merkt, dass das Igelpaar ihn austrickst? »Ich habe keine Zeit« ist in meinen Augen ein Ausdruck dafür, dass man den Umgang mit der Zeit verloren hat. Richtig müsste es heißen: Ich habe keinen Rhythmus in meiner Zeit, keine Ordnung. Dieses Buch soll deshalb ein Hilfsmittel sein, die eigene Zeit nicht zuletzt durch Rituale zu entdecken.

Spiritualität als Lebenskraft

Wir haben gesehen, dass Rituale fest eingerichtete Momente im Alltag sind, die Raum geben für Entspannung, Innerlichkeit, Spiritualität. Womit aber kann dieser Raum gefüllt werden? Manchmal mit gar nichts – außer dem Hören auf sich selbst. Wer in einer Umgebung, in der es vermeintlich still ist, einfach nur bewusst hört, wird erstaunt sein, wie viel er hört. So verhält es sich auch mit der Spiritualität. Wer ihr Raum ermöglicht, lässt sie zu. Ein Hilfsmittel dafür sind sowohl in der jüdischen Synagoge wie in der Kirche aller christlichen Konfessionen Psalmen. Auch Benedikt von Nursia bevorzugt sie als Inhalt für das Beten. In seiner Regel gibt er sehr detaillierte Anweisungen für die Auswahl und Anordnung der Psalmen. Der Text des ersten Psalms, der dem Buch der Psalmen wie ein Motto voransteht, lautet:

Wahres Glück

Wie glücklich ist ein Mensch, der sich nicht verführen lässt von denen, die Gottes Gebote missachten, der nicht dem Beispiel gewissenloser Sünder folgt und nicht zusammensitzt mit Leuten, denen nichts heilig ist.

Wie glücklich ist ein Mensch, der Freude findet an den Weisungen des Herrn, der Tag und Nacht in seinem Gesetz liest und darüber nachdenkt. Er gleicht einem Baum, der am Wasser steht; Jahr für Jahr trägt er Frucht, sein Laub bleibt grün und frisch. Ein solcher Mensch hat Erfolg bei allem, was er unternimmt.

Das Buch der Psalmen befindet sich ziemlich genau in der Mitte der Bibel als Teil des Alten Testaments. Es ist das Gebetbuch der Juden und der frühen Christen und enthält 150 Texte, die häufig auch gesungen werden. Das Buch der Psalmen wird auch Psalter genannt. Psalter heißt im Alten Testament auch ein Musikinstrument: die Schrägleier, die oft als Begleitinstrument zum Psalmengesang diente. Viele Psalmen sind als Kirchenlieder vertont – bis heute befassen sich Künstler mit ihnen, der Refrain etwa des Schlagers »By the Rivers of Babylon« besteht aus den folgenden ersten vier Versen von Psalm 137, der von der babylonischen Gefangenschaft der Juden handelt:

An den Wassern zu Babel saßen wir und weinten, wenn wir an Zion gedachten.
Unsere Harfen hingen wir an die Weiden, die daselbst sind.
Denn dort hießen uns singen, die uns gefangen hiel-

ten, und in unserm Heulen fröhlich sein: »Singet uns ein Lied von Zion!«
Wie sollten wir des Herrn Lied singen in fremden Landen?

Inhaltlich befassen die Psalmen sich vor allem mit den Themen Lob, Dank, Buße, Trauer, Klage, Freude, Trost, Vertrauen auf Gott. Psalmen sind keine Gebete im Sinne von Anbeten, Bitten oder Danken. Sie sind Lieder, die Erfahrungen des Lebens im Angesicht Gottes widerspiegeln. Ein wesentlicher Teil des täglichen Gebets ist neben den Psalmen die *lectio divina,* die heilige Lesung. Darunter versteht man das Gebet ganz allein aufgrund eines Textes, den man liest. Die heilige Lesung ist fast wie eine Meditation, doch nicht im asiatischen Sinne ein Leerwerden, sondern Beschäftigung mit Texten der Bibel oder der Kirchenväter – im Gebet versunken.

Von diesem Vorbild haben wir uns bei der Auswahl der Themen für dieses Stundenbuch leiten lassen. Wir haben dafür Situationen gewählt, denen wir im Leben, im Umgang mit uns, mit anderen und mit Gott begegnen. Diese Situationen sind sowohl ganz alltäglich als auch besonders. Denn an allen entscheidet sich das, was ich als Lebenskunst bezeichnen möchte: die Fähigkeit, mit den Dingen, die das Leben bereithält, mit sich, anderen und Gott gegenüber verantwortungsvoll umzugehen und – das halte ich für genauso wesentlich – bei allem heitere Gelassenheit zu bewahren.

Anleitung für das Stundenbuch

Ich möchte, bevor wir mit dem eigentlichen Stundenbuch beginnen, einige Bemerkungen zu dieser speziellen Form machen. Das Stundengebet ist in der katholischen Kirche die Antwort auf das Apostelwort »Betet ohne Unterlass!« (1 Thess 5,17) und auf Psalm 119: »Siebenmal am Tag singe ich dein Lob wegen deiner gerechten Entscheide.« Es hat seine Wurzeln im jüdischen Gebetsrhythmus und ähnelt in dieser Form auch dem über den Tag verteilten Beten der Muslime. Sinn des Stundengebets ist es, jede Tageszeit mit ihrer Besonderheit vor Gott zu bringen, den Alltag also in festen Ritualen immer wieder zu unterbrechen. Die heute übliche Folge der Stundengebete ist:

06:00 Uhr Laudes (Morgengebet)
12:00 Uhr Sext (Mittagsgebet)
18:00 Uhr Vesper (Abendgebet)
20:00 Uhr Komplet (Nachtgebet)

Das Stundengebet war in der Frühzeit der Kirche Gemeindegottesdienst, wurde jedoch später fast allein in den Klöstern gepflegt. Geblieben davon ist in den meisten katholischen Pfarreien ein täglicher Morgengottesdienst, der werktags allerdings kaum besucht ist. Die weltlichen, also nicht in Orden lebenden Kleriker behielten die Verpflichtung zum Stundengebet bei, auch wenn sie allein lebten. Die Reformation schaffte diese Pflicht für ihren Bereich ab. In der katholischen Kirche ist das Stundengebet heute grundsätzlich verpflichtend für Ordensangehörige, Diözesanpriester und Diakone. Empfohlen wird es jedoch allen Gliedern der Kirche.

Die heute in der katholischen Kirche gebräuchliche Ausgabe des Stundenbuchs wurde von Papst Paul VI. im Zuge der liturgischen Erneuerung des Zweiten Vatikanischen Konzils eingeführt. Die deutschsprachige Version hat drei Bände: für die Advents- und Weihnachtszeit, die Fasten- und Osterzeit sowie für die restliche Zeit im Jahreskreis. Dazu kommen 16 kleine Lektionare, in denen die Lesungen für die Gebetsstunde abgedruckt sind. Die Lektionare werden in einem Rhythmus von zwei Jahren verwendet, pro Jahr acht Lektionare.

Stundenbücher für Laien kamen erstmals im 13. Jahrhundert auf. Im Spätmittelalter waren sie in Kreisen des reichen, lesekundigen Adels und Stadtadels private Andachtsbücher. Stundenbücher erlebten ihre künstlerische Blütezeit und weiteste Verbreitung im späten 14. und im 15. Jahrhundert in Frankreich und in Flandern. Später kamen sie über die Niederlande auch in das deutschsprachige Gebiet. Einzelne Exemplare gehören zu den prachtvollsten jemals hergestellten illustrierten Handschriften. Am berühmtesten und künstlerisch wertvollsten dürften die Stundenbücher des Herzogs von Berry (1340–1416) sein.

Das Stundenbuch eines weltlichen Mönchs greift diese Tradition wieder auf. Der Leser wird von täglich vier Impulsen vier Wochen lang begleitet. Für jeden Tag, beginnend mit dem Montag, habe ich ein Thema ausgewählt und es in vier abgeschlossene Texte unterteilt. Diese können zu den vier Gebetszeiten zum Morgen, zum Mittag, zum Abend und zum Schlafengehen gelesen werden. Für die Sonntage habe ich Texte zusammengestellt, die ich selbst immer wieder gern zur Hand nehme. Ansonsten lässt Ihnen der Sonntag Raum für anderes, das im Alltag vielleicht zu kurz kommt. Nehmen Sie sich für die vier Sonntage ruhig etwas Besonderes vor: mit sich, mit Ihrer Familie, mit Gott, und feiern Sie diesen Tag.

Vier Wochen der Besinnung
Das Stundenbuch

ERSTER TAG

Sinn

I. Zum Morgen
Die Sinnfrage als Urtrieb

Das Messegeschäft in Deutschland ist hart umkämpft – viele Warenschauen haben mit Besucherschwund zu kämpfen. Davon ausgenommen allerdings sind, wenn ich das richtig beobachte, vier Branchen: Wellness, Fitness, Esoterik und Erotik. Ich meine das gar nicht zynisch, sondern sehe in der großen Popularität, der sich diese vier Themenbereiche erfreuen, ein Zeichen für moderne Sinnsuche:
Wellness steht für die Suche nach dem Wohlbefinden,
Fitness für die Suche nach Ertüchtigung.
Esoterik bedient die Suche nach Innerlichkeit.
Erotik kann inneren Zusammenhang schaffen.

Was eigentlich noch fehlt, sind Gott-Messen mit Angeboten für die, die nach Transzendenz suchen. Eine Zeit, die kaum noch verbindliche allgemeine Werte bietet, in der alles erlaubt ist, was Spaß macht und niemandem schadet (außer vielleicht sich selbst), schickt verstärkt Menschen auf die Suche nach Glück – Lebensglück, Lebenssinn. So eine Zeit hatten wir in Europa schon einmal: Benedikt von Nursia schrieb seine Mönchsregel auch, um der brutalen Unrast der Völkerwanderung einen Ordnungsrahmen entgegenzusetzen, der den Menschen Halt gibt. Halt, den der Mensch offenbar braucht.

Einerseits können wir unser Leben durchaus führen, ohne auch nur die uns persönlich betreffenden philosophischen Fragen gelöst zu haben. Um erfolgreich zu sein und mit Spaß zu leben, braucht man sich weder ethische noch erkenntnistheoretische und schon gar nicht religiöse Fragen zu stellen. Andererseits kennen wir alle die qualvollen Augenblicke, wie sie auch die Figur Lewin in Tolstois großem Roman »Anna Karenina« erlebt, weil er keine Antwort auf Fragen wie die folgende fand:

> *Ohne zu wissen, was ich bin und wozu ich hier bin, kann ich nicht leben. Doch ich kann es nicht wissen, also kann ich nicht leben.*

Ich bin überzeugt davon, dass das Bedürfnis nach Sinn zu den Grundeigenschaften des Menschseins gehört. In der Jugend sowieso, oft voll schwerer Not oder Weltverbesserungsfantasie, später meist pragmatischer, zielgerichteter.

Wir stellen uns zwar nicht unablässig, aber zeitlebens immer wieder die philosophischen Grundfragen.

Wer bin ich?
Wozu bin ich?
Was ist um mich?
Was wird aus mir?

II. Zum Mittag
Was bleibt?

Von manchen Toten bleiben Werke: Kunst, Architektur, Firmen, Vermögen, von manchen sogar Einträge im Geschichtsbuch. Von anderen bleiben Erinnerungen im Gedächtnis der Familie. Die österreichische Dichterin Ingeborg Bachmann (gestorben 1973) schrieb:

> *Der Tod wird kommen und kein Ende setzen. Denn weil das Gedächtnis der Menschen nicht reicht, ist das Gedächtnis der Familie da, eng und beschränkt, aber ein wenig länger, ein wenig treuer. Treu aus Not, der kleinen Unsterblichkeit zuliebe, ein halbes Jahrhundert reichend, dann vergisst auch sie die Astern für die ältesten Toten, den Buchsbaum und seine Pflege.*

Grabsteine und Urnen verschwinden nach einer gewissen Zeit, vielleicht nach ein oder zwei Generationen. Einige Familiengräber überdauern vielleicht hundert oder zweihundert Jahre. Wie lange wird das Grab von Elvis Presley ein Ort von Verehrung bleiben? Wie lange sind oder waren es die Gräber von gefeierten Dichtern des vergangenen oder vorvergangenen Jahrhunderts? Und Menschen ohne Geschichtsbucheintrag? Für manche Bekannte werden wir schon nach einigen Monaten aus dem Bewusstsein verschwunden sein. Vielleicht wird uns der eine oder andere die Treue der Erinnerung bis an sein Lebensende erweisen. Spätestens dann aber, wenn alle gestorben sind, die uns persönlich gekannt haben, ist Schluss. Es bleiben noch einige Alben und Erinnerungsstücke. Die auf Festplatten gespeicherten und ordentlich archivierten Fotografien unserer gesammelten Urlaube werden spätestens bei der Einführung einer neuen Computergeneration gelöscht.

Was bleibt also? Die Nachkommen? In der Tat entspricht es unabhängig vom biologischen Trieb unserem Wunsch nach Ewigkeit, Nachkommen zu zeugen, in sie zu investieren und in ihnen weiter zu leben. Fragen der Nachfolge und der Vererbung waren seit Menschengedenken eine der Hauptantriebsfedern – im Politischen wie im Wirtschaftlichen. Was aber bleibt für die, die keine Nachkommen zeugen können oder wollen? Oder deren Nachkommen frühzeitig sterben? Hat ihr Leben keinen Sinn? Und anders herum: Sind allein schon Nachkommen Sinn genug für die eigene Existenz? Schwierige Fragen.

Ich denke an ein mir bekanntes Unternehmerehepaar. Er dürfte im Laufe seines Lebens einige Millionen verdient und einen guten Teil des Geldes in gemeinnützige Stiftungen gesteckt haben. Beide haben überlegt und ethisch verantwortungsvoll gelebt. Beide glauben nicht an ein Leben nach dem Tod. Sie sind kinderlos. Sie fragen sich heute, was von ihnen bleibt. Auch den Namen dieses eindrucksvollen Unternehmers wird in fünfzig, vielleicht auch erst in hundert Jahren niemand mehr in den Mund nehmen. Auch wenn die Stiftung, die seinen Namen trägt, Generationen überdauern sollte: Ist das tatsächlich der Sinn seines Lebens? War es der Sinn des Lebens von Friedrich Wilhelm Raiffeisen, dass es heute in ganz Österreich und Deutschland Banken gibt, die seinen Namen tragen?

III. Zum Abend
Was Sinn nicht ist

Das 20. Jahrhundert hat starke ideologische Strömungen erlebt. Grenzenloser Individualismus löste allumfassenden Kollektivismus ab. Sinnstiftend dürfte heute weder das eine und schon gar nicht mehr das andere wirken. Auch der Individualismus, diese Hauptantriebsfeder der modernen westlichen Gesellschaft und ihrer Ökonomie, spendet zwar Spaß, Zerstreuung, Bestätigung und eine Reihe weiterer positiver Gefühlszustände – echten Sinn allerdings vermögen darin immer weniger zu sehen. Viele haben längst erkannt, dass wirtschaftlicher Erfolg, Konsum, Erlebnisse nicht den wahren Lebensinhalt darstellen.

Im Nationalsozialismus ist deutlich geworden, welche Kraft Transzendenz, Glaube – hier freilich in einem pervertierten Sinn – entfalten kann. Von Umberto Eco stammt der Ausspruch: »Wenn die Geschichte keine Richtung hat, gibt es keine Hoffnung.« Das gilt vielleicht sogar weniger für die Weltgeschichte als für die eigene Geschichte, unser Leben. Allerdings vermögen heute in unserem Kulturkreis weder politische Heilslehren noch völlige Selbstentfaltung, weder Familie noch Religion, weder die Nation noch Multikulturalität, weder die Freiheit an sich noch die Verpflichtung für eine Sache verbindend Sinn zu stiften. Wir erleben eine Zeit der ebenso starken Sinnvernichtung wie der Sinnsuche. Das eine bedingt, glaube ich, das andere. Die Konsequenz ist, dass viele Menschen resignieren und die Sinnsuche für sich, soweit es geht, ausblenden. Oder sich im Sinnsupermarkt immer wieder mal neu bedienen.

Allen Sinnsuchenden gemein ist freilich der Versuch, die alleinige Orientierung des Lebens auf Materielles, auf Leistung, auf Konsum und Erlebnisse umzulenken auf ein gesuchtes aber so schwer zu findendes Eigentliches. Orhan Pamuk, der Träger des Friedenspreises des deutschen Buchhandels 2005, sagte in seiner Rede, Glück hänge nicht von Sinn oder Unsinn ab. Meiner Meinung nach hat Pamuk nicht ganz Recht, außer, er versteht unter »Sinn« allein rationale Erwägungen. Glücklich bin ich dann, wenn ich mich auf dem richtigen Weg weiß. Und der richtige Weg ist der, der mich zu meinem Ziel führt.

Welches menschliche Handeln ist also sinnvoll? Herkömmlich verstanden bedeutet diese Frage eine Zielorientierung. Etwas hat dann Sinn, wenn es zu etwas führt, das man erreichen möchte. Hat es Sinn, eine Stellenanzeige in einer bestimmten Zeitung zu veröffentlichen? Ja, weil sie von möglichen Bewerbern gelesen wird. Aber kann man auf diese Weise auch an den Lebenssinn herangehen? Kann man ableiten, etwas hat dann Lebenssinn, wenn es zum Ziel des Lebens führt?

Abt Odilo Lechner erzählte einmal die Geschichte zweier Professoren, die sich seit Stunden im ICE zwischen München und Hamburg schweigend gegenübersitzen. Auf Höhe Kassel-Wilhelmshöhe fragt der eine den anderen: »Und wohin fahren Sie?« – »Nach Hamburg.« Darauf sagt der erste: »Seltsam, ich fahre nach München.« Diese Geschichte versinnbildlicht, dass wir, je schneller wir uns bewegen, desto öfter die Richtung unserer Bewegung hinterfragen, uns also auf unser tatsächliches Ziel besinnen sollen. Die deutsche Sprache führt uns hier auf die Bedeutung von Sinn zurück. »Sich besinnen« heißt, sich immer wieder des richtigen Wegs zu versichern, im Fall des Falles auch innezuhalten oder umzukehren. Der richtige Weg ist Sinn, der falsche Weg Unsinn, wobei nie nur ein Weg, sondern immer mehrere Wege zum Ziel führen können. Jeder kennt verschlungene Lebenswege von Menschen, die erst spät den richtigen Weg finden.

Wieder auf die Zugfahrt übertragen bedeutet das: Die Fahrt im ICE ist für den einen Professor solange Unsinn, solange er sich der falschen Richtung nicht bewusst ist. Sobald er an der nächsten Station aussteigt und umkehrt, hat sein ganzer Weg wieder Sinn, auch die zunächst falsche Teilstrecke, denn die hat er benötigt, um die falsche Richtung zu erkennen. Halten wir also fest:

Sinn ist der Weg zum Lebensziel.
Was genau aber ist dieses Ziel?

Gerade in der heutigen Zeit mit ihren so vielfältigen Betätigungs- und Entfaltungsmöglichkeiten fängt die Schwierigkeit mit der Bestimmbarkeit dieses Ziels an. Ich kann hier nur allgemeine Überlegungen anstellen. Für hilfreich halte ich es allerdings, nicht zuallererst das Große, den großen Lebensentwurf, die große Perspektive als das Lebensziel anzusehen, sondern das Schöne und Wahre im Kleinen zu entdecken. Das Kleine steht nicht ohne Grund im Zentrum des christlichen Glaubens: Jesus in der Krippe ist schwach, verletzbar und ganz anders, als man sich Gott gemeinhin vorstellt. Der Mensch ist nicht zu Gott aufgestiegen, sondern Gott ist zum Menschen gekommen. Und auch nicht in einen Königspalast oder ein Patrizierhaus, sondern zu einer Zimmermannsfamilie, in einen Stall. Die Weihnachtsgeschichte weist uns den Weg, in welche Richtung wir unsere Suche nach Sinn lenken sollten.

In derselben Tradition steht auch die Regel des Heiligen Benedikt: Sie stellt keine Anleitung für große Weltverbesserei oder Selbstverwirklichung dar, sondern hält den persönlichen Lebensentwurf klein, bescheiden und demütig. Der Sinn liegt nach Benedikt nicht im Großen, sondern im Kleinen. Darin, in sich selbst den Sinn zu entdecken. Hier kommen wir auf das aus dem Gebot »liebe deinen Nächsten wie dich selbst« abgeleitete Sinndreieck, dessen drei Schenkel ich selbst, die anderen und Gott bilden. In diesem Dreieck, das groß genug ist für unterschiedliche persönliche Ambitionen und Stärken, den Sinn zu suchen, könnte sich tatsächlich lohnen. Die Maßstäbe, um einzuschätzen, ob ich im richtigen oder im falschen ICE sitze, ergeben sich dann aus dem folgenden Zusammenspiel: Wie integriere ich Gott in mein Leben? Wie gehe ich mit anderen um? Wie gehe ich mit mir um, meiner persönlichen Lebensaufgabe?

Ich kann dem Begriff des Schicksals wenig abgewinnen und sehe in Schicksalsschlägen nicht eine von übersinnlichen Mächten ersonnene Prüfung und in ihrem Meistern keinen Beweis für eine göttliche Auslese. Trotzdem stellt das, was das Leben für uns an Anforderungen bereit hält, ein Ziel, vielleicht sogar das Lebensziel dar: nämlich, unsere ganz persönliche Anforderung, so schwer oder einfach es sich im Einzelfall ergeben mag, sich selbst, anderen und Gott gegenüber verantwortungsvoll zu meistern. Allein aus diesen drei Koordinaten kann das Ziel des Lebens bestimmt werden. Die persönliche Lebensaufgabe kann eine bestimmte psychologische Disposition sein, eine Trennung vom Partner, eine schwere Krankheit, ein behindertes Kind, Arbeitslosigkeit, für manche Menschen häufen sich diese Aufgaben sogar. Manche scheitern oder gewinnen auch am Alltäglichen: an ihren ganz normalen Ängsten. Am Partner. An der Entwicklung der Kinder. Im Beruf. An der Suche nach Lebenssinn.

Religiös verstanden kann man im Lebenssinn den Auftrag unseres Schöpfers an uns selbst, unsere ganz persönliche in uns angelegte oder uns begegnende Lebensaufgabe sehen. Sicherlich wird uns Gott, wenn wir scheitern, nicht verurteilen oder gar verdammen. Er ist Mensch geworden und steht daher immer solidarisch neben uns. Und er gibt uns eine Hilfestellung zur Hand, wir brauchen dazu nur sein Wort zu hören, auf sein Wort zu achten, womit wir bei einem wichtigen Aspekt bei der Frage nach dem Sinn sind.

IV. Zum Schlafengehen
Was Sinn sein könnte

Des Lebens Ruf an uns wird niemals enden, schrieb Hermann Hesse – die Frage ist nur, ob wir diesen Ruf hören können und wollen. In diesem Zusammenhang möchte ich auf den für uns heute so schwierigen Begriff des Gehorsams eingehen. Ich verstehe darunter im benediktinischen Sinn die Fähigkeit wie die Bereitschaft, zu hören, was für uns wichtig ist. Gehorsam heißt, empfänglich zu bleiben für Gott, für andere und für uns selbst. Wichtig ist dabei allerdings so wie bei allen, besonders den schweren Wegen, Beständigkeit. Man muss dabei- und dranbleiben. Ein bisschen Gehorsam, manchmal, geht nicht. Dann vernimmt man nur Wortfetzen, die leicht zum falschen Schluss verleiten.

Das Kloster als Gebäude wie als Lebensform dient dem so verstandenen Gehorsam. Es schottet nicht gegen die unheilige Welt ab, sondern schafft mir meinen Bereich, den Raum, in dem es ruhiger zugeht als draußen, in dem ich besser auf mich und meinen Ruf hören kann. Viele Menschen verspüren heute diese Sehnsucht nach Stille, um hören zu können. Nicht nur die Popularität von Exerzitien in Klöstern beweist das, sondern auch der Trend zu Esoterik und Mystik. Das dahinter stehende Bedürfnis ist ernst zu nehmen. Nicht jeder Weg, jeder gefundene Raum allerdings dürfte tatsächlich geeignet sein, die eigene Stimme zu vernehmen. Gehorsam kann nämlich nicht bedeuten, sich aus der Welt zurückzuziehen, in sich selbst zu versinken. Dann nämlich suchte ich meinen Sinn nur auf einer Seite des oben beschriebenen Sinndreiecks. Es kommt darauf an, aus innerem Gehorsam heraus die Welt zu gestalten.

Der Gehorsamsbegriff wandelt sich also, wenn wir ihn richtig verstehen, weg vom blinden Hinterherlaufen. Es sind die stärksten, nicht die schwächsten Menschen, die ihrem inneren Antrieb gehorchen. Das ist richtig verstandene Folgsamkeit. Es ist kein Widerspruch, sondern nur folgerichtig, dass Gehorsam auch Widerstand erfordern kann – im Dienst einer Sache. Freilich genügt es nicht, einmal zu hören oder zu hören zu glauben, und dann loszulaufen. Vielmehr sollen wir unser ganzes Leben lang hörend und suchend bleiben.

Diese Empfänglichkeit sich, anderen und Gott gegenüber kann man als Glaube bezeichnen. Es ist die immerwährende Suche nach dem inneren Zusammenhang. Nach Anfang, Mittelpunkt, Ende. All das, da bin ich mir sicher, brauchen wir, um sinnerfüllt leben zu können, nicht nur irgendwie. Wenn unsere Geschichte keine Richtung hat, gibt es keine Hoffnung. Allerdings sind wir selbst als Gläubige auf diesem Weg lediglich *ahnend suchend*, wie der jetzige Papst Benedikt XVI. in vielen seiner Schriften immer wieder betont hat.

Dem Physiker wird heute zunehmend bewusst, dass wir die gegebenen Realitäten, etwa die Struktur des

Lichts oder die der Materie überhaupt, nicht in einer Form von Experiment und so nicht in einer Form von Aussage umgreifen können, dass wir vielmehr von verschiedenen Seiten her je einen Aspekt zu Gesicht bekommen, den wir nicht auf den anderen zurückführen können. Beides zusammen – etwa die Struktur von Korpuskel und Welle – müssen wir, ohne ein Umgreifendes finden zu können, als Vorgriff auf das Ganze betrachten, das uns als Ganzes in seiner Einheit ob der Beschränkung unseres Blickpunkts nicht zugänglich ist.

Was hier im physikalischen Bereich als Folge der Begrenzung unseres Sehvermögens zutrifft, gilt in noch höherem Maße von den geistigen Wirklichkeiten und von Gott. Auch hier können wir immer nur von einer Seite hinschauen und so je einen bestimmten Aspekt erfassen, der dem anderen zu widersprechen scheint und der doch nur zusammengehalten mit ihm ein Verweis auf das Ganze ist, das wir nicht zu sagen und zu umgreifen vermögen. Nur im Umkreisen, im Sehen und Sagen von verschiedenen, scheinbar gegensätzlichen Aspekten her gelingt uns das Hinüberweisen auf die Wahrheit, die uns doch nie in ihrer Gänze sichtbar wird.

Selbst ein Papst weiß nicht das Letzte von Gott, von der Einheit der Welt, ihrem Urgrund und ihrer Bestimmung. Wir müssen bei der Frage nach Gott – und mit ihm ist die Frage nach dem Lebensziel verbunden – die Grenze unserer Erkenntnis, unseres Verstands akzeptieren. Die letzte

Einheit, von der wir zwar eine gewisse Ahnung haben, werden wir in Gänze nicht begreifen können, denn unser Blick ist immer einseitig und beschränkt. Wir Christen glauben an den Allessehenden und wissen uns von ihm angeschaut. Unsere Unvollkommenheit in der Erkenntnis zwingt uns, wenn wir verantwortungsvoll mit ihr umgehen wollen, zeitlebens *hörend suchend* zu bleiben, gehorsam der Stimme, die uns Gewissheit und Sicherheit gibt. Diese Sicherheit gilt etwa für das rechte Handeln in schwierigen Situationen. Besonders aber auch dann, wenn es darum geht, das Wesentliche der eigenen Existenz zu erkennen, die eigene ganz persönliche Aufgabe. Ich denke, dass hier das Ziel des Lebens zu finden ist.

Am Ende von Tolstois Roman »Anna Karenina« findet Lewin im Ideal des Guten, das er für andere getan hat, seinen vermissten Sinn des Lebens. »Anna Karenina« endet mit den so schlichten wie ergreifenden Worten:

> *»Aber mein Leben, jeder Augenblick dieses Lebens, was auch immer in Zukunft mit mir geschehen wird, wird nicht mehr sinnlos sein wie bisher; es hat einen unbezweifelbaren Sinn bekommen: Er liegt in dem Guten, das ich in es hineinzulegen vermag.«*

ZWEITER TAG

Momente ergreifen

I. Zum Morgen
Zeit für Gemütlichkeit

Zeit ist Zeit.
Ist Einheit für Gemütlichkeit.
Wäre Gemütlichkeit
dreitausendsechshundert
Sekunden in Zeit,
für wie viel Gemütlichkeit
bliebe dann Zeit?

Zeit plus Zeit ist mehr Zeit.
Brot plus Zeit ist Brotzeit.
Zeit mal Zeit ist Mahlzeit.

Der Maikäfer dreht
um den Tisch eine Runde,
Du weißt nicht das Jahr,
Du kennst nicht die Stunde.

Die Kastanie im Biergarten blüht,
freue Dich, Du bist auf erdbebensicherem Gebiet.
Das ist die Wurzel aus Zeit.
Das ist per Saldo – Gemütlichkeit.

(Gerhard Polt)

Ich bin mir nicht sicher, ob Leser außerhalb Bayerns diesen etwas absurd erscheinenden Text verstehen – für mich enthält er ein Stück bayerischer Lebensart und reicht gleichzeitig über den Weißwurstäquator hinaus. Gemütlichkeit ist für das bayerische Wesen essentiell, die im Biergarten verbrachte Stunde, in der man einfach nur sitzt und sonst nichts macht, ein besonders schönes Beispiel. Doch Gemütlichkeit ist nicht nur ein bayerischer, sondern ein gesamtdeutscher Begriff. Andere Sprachen wiederum, das Englische etwa, kennen Gemütlichkeit gar nicht – den Zustand, den Gemütlichkeit bezeichnet, aber sehr wohl. Deshalb hat das deutsche Wort sogar Eingang in den englischen Sprachgebrauch gefunden.

Was aber ist Gemütlichkeit? Was kennzeichnet Zustände, die wir als gemütlich empfinden? Wir müssen uns, wenn wir diese Frage beantworten wollen, zuerst von falschen Bildern und Fehlinterpretationen lösen, die den Begriff Gemütlichkeit überlagern. Gemütlichkeit ist ja bis zu einem gewissen Grad eine sehr persönliche Sache, andererseits wird sie gern kommerziell missbraucht. Ich persönlich finde ein Bierzelt auf dem Münchner Oktoberfest am Samstagabend gar nicht mehr gemütlich, da kann die Blaskapelle noch so oft das Prosit auf die Gemütlichkeit anstimmen. Auch ein auf bayerisch gemachtes Wirtshaus in den USA, in das mich wohlmeinende Gastgeber ausführten, fand ich eher entsetzlich. Gerhard Polt gelingt es auf seine unnachahmliche Weise, das Falsche, Aufgesetzte, Übergestülpte, Unreflektierte zu entlarven und gleichzeitig die echte, seine bayerische Gemütlichkeit zu lieben.

Der Begriff der Gemütlichkeit ist abgeleitet von Gemüt und bezeichnet als Gefühl Ruhe, Ausgeglichenheit, Geborgenheit, Freiheit von Konflikten und Ängsten. Gemütlichkeit verträgt keine Aufregung, keinen Streit, keine sich aufdrängenden Sorgen und ist somit ein subjektiv empfundener Zustand des Wohlbefindens an bestimmten Orten, in bestimmten Momenten, verstärkt oder ausgelöst durch Hilfsmittel: ein Weißbier, eine Tasse Tee, einen Cappuccino.

Mir kommt, wenn ich an Gemütlichkeit denke, mein Lieblingswirtshaus in München in den Sinn. Es befindet sich in der Innenstadt, liegt aber ein bisschen abseits, so dass sich kaum Touristen dorthin verirren. An den Wänden des gar nicht großen, länglichen, trapezförmigen Raums stehen rundherum Bänke, vor denen sich Tische unterschiedlicher Größe gruppieren, an die man sich allein oder in Gruppen setzen kann. Sich bei Fremden dazuzusetzen, ist in bayerischen Wirtshäusern ganz normal, die Schwelle dafür schon durch die Anordnung der Tische niedrig. Die Tischplatten sind hell, aus Ahorn, wie es sich gehört. Der Rest der Möbel ist aus dunklem Holz, auch die Wände sind dunkel getäfelt. Das Licht ist weder zu hell noch zu dunkel. Mittags scheint durch große Fensterscheiben die Sonne herein. Das Zentrum des Raums nimmt eine aufwändig gestaltete hölzerne Schänke mit Spüle ein. Der Boden: ein altes Parkett. Nicht nur als Sohn eines Wirts empfinde ich diesen Ort als durch und durch harmonisch – andere offenbar auch, denn meist ist mein Lieblingswirtshaus sehr gut besucht.

II. Zum Mittag
Spontaneität oder Plan?

Nach den Regeln modernen Zeitmanagements kann es Gemütlichkeit überhaupt nicht geben. Geplant funktioniert Gemütlichkeit selten. Ungeplante gemütliche Momente jedoch müssen aus dem Terminkalender sozusagen gestohlen werden. Viele Menschen verplanen ja nicht nur ihre Arbeits-, sondern auch ihre Freizeit. Ein Nachmittag mit einem Buch auf dem Sofa, ein verratschter Abend mit einer Freundin, ein Espresso mit einem Bekannten, den man gerade auf der Straße getroffen hat, ein Spaziergang mit dem Partner – oft fehlt dafür die Zeit, weil wir nach einem Programm leben, das wir nicht mehr so ohne weiteres abschalten können oder wollen.

Oft sind wir in einer Zwickmühle: Ich sitze mit Freunden am Abend zusammen, es ist schön, wir führen gute Gespräche, es wird spät, nach Mitternacht. Für den nächsten Morgen habe ich mir aber etwas vorgenommen, wofür ich zeitig aufstehen müsste. Was mache ich? Folge ich meiner Disziplin oder ergreife ich den Moment? Ich habe die Erfahrung gemacht, dass die besten und intensivsten Momente mit Menschen dann entstehen, wenn sie sich ergeben. Hier freilich ist rechtes Maß gefragt. Jemand, der sich alles erlaubt, lebt nur in den Tag hinein. Wer aber für spontane Momente nicht offen ist, verpasst das Beste im Leben.

Rituale können ein hervorragendes Hilfsmittel dafür sein, Momente überhaupt erst zu ermöglichen. Gerade im zwischenmenschlichen Miteinander sind sie von enormer

Bedeutung. Gemeinsam ein Bier zu trinken zum Beispiel schafft Raum für den Austausch zweier Menschen, die sich ohne dieses Ritual vielleicht nicht austauschen würden. Gemeinsames Essen und Trinken ist überhaupt eines unserer wichtigsten täglichen Rituale. Soziologen sagen, dass das Essen dazu genutzt wird, soziale Zugehörigkeiten und Gemeinsamkeiten herzustellen, wie bei religiösen Mahlzeiten, nach Friedens- und Vertragsverhandlungen, festlichen privaten Essen – oder eben auch in alltäglichen familiären Mahlzeiten. Gemeinsames Essen (und Trinken) ermöglicht gemeinsame Momente. Novalis schrieb: »Die Tischzeit ist die merkwürdigste Periode des Tages und vielleicht der Zweck, die Blüte des Tages.«

Bei Geschäftsessen unterscheidet sich das Ritual von Land zu Land erheblich. Während Alkohol zum Mittagessen unter deutschen Geschäftsleuten sehr unüblich ist, kommt man schon in Belgien und erst in Frankreich oder Italien um Wein überhaupt nicht herum. Er ist das Ritual, das den Moment der Gemeinsamkeit, den Raum für gemeinsame Möglichkeiten erst eröffnet. Auch in Familien bilden sich mit den Jahren um das Essen herum von außen betrachtet witzige, die Gemeinsamkeit der Familie aber sehr verstärkende Rituale heraus. Ich kenne eine Familie, deren Mitglieder stets lauthals zu lachen und zu prusten beginnen, wenn einem etwas vom Teller auf die Tischdecke oder zu Boden fällt. Auslachen wirkt hier identitätsstiftend. Ebenso die Angewohnheit einer anderen Familie mit kleinen Kindern, sich vor dem Essen alle bei der Hand zu fassen und aus voller Kehle »Einen guten Appetit!« zu rufen.

III. Zum Abend
Der Gott des rechten Augenblicks

In der griechischen Mythologie gibt es für den rechten Augenblick und die günstige Gelegenheit sogar einen eigenen Gott: Kairos, den jüngsten Sohn des Zeus. Von Bildhauern wurde er als strahlender Jüngling mit geflügelten Schuhen dargestellt, dem eine Haarlocke in die Stirn fällt, während er am Hinterkopf nur spärliche Anzeichen von Haarwuchs erkennen lässt. Die Redensart, »die Gelegenheit beim Schopf packen«, wird auf diese Darstellung des Gottes zurückgeführt. Manchmal wird Kairos in Gegensatz zu seinem Großvater Kronos gestellt. Kairos soll die Zeit darstellen, die man sich nimmt, anstelle der bemessenen Zeit, die man hat. Der Unterschied zwischen Kronos und Kairos ist, dass Kronos für die Zeit als Rahmen, als physikalische Größe steht, ausgedehnt, planbar, während Kairos die Zeit als Gegenwart, Präsenz, Augenblick, die Zeit die wir haben und in der wir jetzt gerade leben, darstellt. Diese Zeit kann subjektiv sehr unterschiedlich empfunden werden. Ich verstehe unter Kairos auch die Momente, in denen man aus dem Kronos, dem Zeitfluss, heraustritt, einkehrt, umkehrt. Kairos, der günstige Augenblick, kann Bedeutung für das ganze Leben haben.

Auch nach Benedikt von Nursia erlangt die Weite des Herzens nicht, wer viel erlebt, wer von einer Aktion zur anderen, von einem Event zum nächsten hetzt, sondern wer intensiv lebt, den Augenblick einfängt und die kleinen Wunder des Alltags wahrnimmt. Dieser Weg engt nicht ein, sondern befreit von Zwängen, die uns einreden, was wir alles sein sollten, wo wir überall gewesen sein sollten und was wir noch alles erleben müssten. Er hält dazu an, sich selbst zu bestimmen, ein Gefühl für den eigenen Lebensweg zu entwickeln, selbst zu stehen und zu gehen. Wir reden heute viel von Freiheit und Selbstbestimmung. Für was aber wollen wir frei sein? Was sollen wir mit uns anfangen? Wohin wollen wir uns entwickeln? Was würden wir anstellen, wenn wir reich wären und nicht mehr arbeiten müssten? Urlaub machen? Einkaufen? Faulenzen? Wieder Urlaub machen?

Regelmäßige spirituelle Momente, die man für sich nutzt, ermöglichen inneres Wachstum, Wachheit, Selbstfindung, Lebensfreude. Was das heißt, kann jeder nur für sich selbst beantworten. Für Benedikt heißt Freude, geistig frei und gelassen zu sein, innerlich gefestigt, sich seelisch und körperlich wohl zu fühlen – das alles nicht als Selbstzweck, nicht als Ego-Trip, sondern um beziehungsfähig und damit liebesfähig zu werden. Liebe ist die Hinwendung zum Mitmenschen ohne Hintergedanken. Liebe bedeutet, offen zu sein für den anderen, ihm entgegenzugehen, aufmerksam und achtsam zu sein, in Gemeinschaft zu leben und sich zu ergänzen. Dafür den Sinn zu haben und die entscheidenden Momente zu nutzen, dazu lädt der Kairos ein.

IV. Zum Schlafengehen
Und dann und wann

Das Karusell

Mit einem Dach und seinem Schatten dreht
sich eine kleine Weile der Bestand
von bunten Pferden, alle aus dem Land,
das lange zögert, eh es untergeht.
Zwar manche sich an Wagen angespannt,
doch alle haben Mut in ihren Mienen;
ein böser roter Löwe geht mit ihnen
und dann und wann ein weißer Elefant.

Sogar ein Hirsch ist da, ganz wie im Wald,
nur dass er einen Sattel trägt und drüber
ein kleines blaues Mädchen aufgeschnallt.

Und auf dem Löwen reitet weiß ein Junge
Und hält sich mit der kleinen heißen Hand,
dieweil der Löwe Zähne zeigt und Zunge.

Und dann und wann ein weißer Elefant.

Und auf den Pferden kommen sie vorüber,
auch Mädchen, helle, diesem Pferdesprunge
fast schon entwachsen; mitten in dem Schwunge
schauen sie auf, irgendwohin, herüber –

Und dann und wann ein weißer Elefant.

Und das geht hin und eilt sich, dass es endet,
und kreist und dreht sich nur und hat kein Ziel.
Ein Rot, ein Grün, ein Grau vorbeigesendet,
ein kleines kaum begonnenes Profil – .
Und manchesmal ein Lächeln, hergewendet,
ein seliges, das blendet und verschwendet
an dieses atemlose blinde Spiel …

(Rainer Maria Rilke)

DRITTER TAG

Festhalten und verändern

I. Zum Morgen
Von der Schwierigkeit, Entscheidungen zu treffen

Es geht mir in diesem Kapitel um eine der wichtigsten Eigenschaften für ein erfolgreiches Leben: nämlich Entscheidungen treffen zu können. Manche Menschen tun sich damit furchtbar schwer, tragen sich monate- oder jahrelang, manchmal sogar ein ganzes Leben mit einer essentiellen Entscheidung: den Arbeitsplatz betreffend, den Partner oder die eigene Lebensführung.

Entscheidung ist die aktiv gebrauchte, angewandte Freiheit. Freiheit wird gemeinhin als Freisein von Zwängen, Regeln, Bindungen gesehen, als Möglichkeit, machen zu können, was man will. Dabei wird oft übersehen, dass Freiheit stets zwei Aspekte beinhaltet: frei sein von etwas, gleichzeitig aber auch frei sein für etwas. Sich entscheiden heißt deshalb immer, einen von zwei (oder mehr) möglichen Wegen zu gehen. Zum einen ja zu sagen und zum anderen nein. Wer sich entscheidet, der sollte immer beides tun: Ja und Nein sagen. Es gibt Menschen, die sich für einen neuen Partner entscheiden, zum alten aber nicht Nein sagen. Andere haben innerlich schon längst Nein gesagt zum einen, ringen aber mit dem Ja einem anderen gegenüber. Aus beiden Situationen erwachsen Schwierigkeiten.

Wenn sich Menschen also schwer tun, Entscheidungen zu treffen, kann es am Ja oder am Nein liegen. Dabei stecken hinter der Furcht vor dem Ja und der vor dem Nein ganz unterschiedliche Gefühlslagen, sogar Persönlichkeiten. Im dem einen Fall fürchtet man die Konsequenz, die Verantwortung, die Notwendigkeit, damit die Endgültigkeit. Im anderen fürchtet man die Veränderung, den Neuanfang. »Grundformen der Angst« heißt ein Klassiker der psychologischen Literatur, den Fritz Riemann 1961 veröffentlichte und in dem er die Menschen in vier Charaktere entsprechend ihrer Grundängste einteilte, die wiederum mit vier Grundanforderungen der Lebensführung korrespondieren:

- Wir sollen einmalig werden, unser Eigensein bejahen und uns gegen andere Individuen **abgrenzen**
- Wir sollen uns der Welt, dem Leben und den anderen Menschen vertrauend **öffnen** und uns auf sie einlassen
- Wir sollen **Dauer anstreben**, Pläne machen, diese nachhaltig und zielstrebig verwirklichen
- Wir sollen uns **wandeln**, Veränderungen und Entwicklungen durchmachen, Vertrautes und Gewohntes aufgeben.

Riemann geht davon aus, dass unsere Ängste uns viel stärker bestimmen und treiben, als uns bewusst und recht ist, und sieht die verschiedenen Ängste als Unterscheidungskriterium für seine vier Charaktere an. Für unser Thema »Festhalten oder Verändern« müssen wir uns das zweite Gegensatzpaar näher ansehen: Denjenigen, der Dauer anstrebt und Veränderungen fürchtet, sowie den, der Veränderung möchte und Angst hat vor Festlegungen.

Der beständige Typ – strebt Dauer an, möchte sich häuslich niederlassen und die Zukunft planen. Sein Wunsch ist, alles zu planen, festzuhalten, zu verdichten, Bewegung zu vermeiden. Seine Angst ist die Vergänglichkeit, das Irrationale und Unvorhergesehene. Alles Neue ist für ihn ein Wagnis, und Planen ins Ungewisse ein Gräuel. Folgende Attribute beschreiben den beständigen Menschen: Perfektion und Optimierung, Kontrolle, Macht und Beherrschung, richtig und falsch, Recht und Ordnung, Gewissenhaftigkeit, Sicherheit, Vorsicht, Leistung, Ehrgeiz, Ausdauer, Hartnäckigkeit, Streitbarkeit, Besitz, Materie, Bodenständiges, Konservatives, Tradition, Ordnung, Sauberkeit, Sparsamkeit, Geiz, Sachlichkeit, Wahrnehmbares, Konkretes, Konsequenz, Zuverlässigkeit. Er fürchtet sich davor, »nein« zu sagen.

Der wandlungsfähige Mensch dagegen ist immer bereit, sich zu verändern, Vertrautes aufzugeben und alles nur als einen Durchgang zu erleben. Das Neue hat für ihn einen unwiderstehlichen Reiz, das Unbekannte zieht ihn magisch an. Damit verbunden ist freilich die Angst vor Ordnung, Notwendigkeiten, Regeln und Festlegungen. Sein Freiheitsdrang schlägt um in die Angst vor dem Tod als Erstarrung. Als Attribute passen zu ihm: Angst vor Endgültigkeit, leichtes, müheloses, anregendes Leben, äußere Freiheit, Ungebundenheit, Spannung, Erlebnishunger, Abwechslung, Abenteuer, neue Reize, Aktivität, Impulsivität, Unternehmungsgeist, Risiko, Kontakt, Spontaneität, Begeisterung, Gefallen, Mittelpunkt, Beeindruckbarkeit, Theatralik, Show, Wirkung, Effekt, Ideen, Kreativität, Oberflächlichkeit, Flexibilität, Aufgeschlossenheit für Neuerungen.

II. Zum Mittag
Der Zauber des Neuanfangs

Stufen

Wie jede Blüte welkt und jede Jugend
Dem Alter weicht, blüht jede Lebensstufe.
Blüht jede Weisheit auch und jede Tugend
Zu ihrer Zeit und darf nicht ewig dauern.

Es muss das Herz bei jedem Lebensrufe
Bereit zum Abschied sein und Neubeginne,
Um sich in Tapferkeit und ohne Trauern
In and're, neue Bindungen zu geben.

Und jedem Anfang wohnt ein Zauber inne,
Der uns beschützt und der uns hilft zu leben.

Wir wollen heiter Raum um Raum durchschreiten,
An keinem wie an einer Heimat hängen,
Der Weltgeist will nicht fesseln uns und engen,
Er will uns Stuf' um Stufe heben, weiten.

Kaum sind wir heimisch einem Lebenskreise
Und traulich eingewohnt, so droht Erschlaffen,
Nur wer bereit zu Aufbruch ist und Reise,
Mag lähmender Gewöhnung sich entraffen.

Es wird vielleicht auch noch die Todesstunde
Uns neuen Räumen jung entgegen senden,

Des Lebens Ruf an uns wird niemals enden …
Wohlan denn, Herz, nimm Abschied und gesunde!
(Hermann Hesse)

Eine wunderbare Ermunterung für jeden allzu beständigen Menschen ist dieses Gedicht von Hermann Hesse. Es ist eines meiner Lieblingsgedichte, das ich oft zur Hand nehme, wenn ich mir Mut machen will für etwas Neues, das ich beginnen muss oder möchte und vor dem ich mich noch scheue oder sogar fürchte. Viele mögen das Melancholische an Hesse nicht, obwohl ich gerade auch in diesem Gedicht genau das Gegenteil davon empfinde: Freude und Zufriedenheit, keine Angst oder Traurigkeit. Klar ist aber auch, dass Hesse uns nicht nur die Furcht vor Neuem nehmen will, er stellt an den Neuanfang auch Anforderungen. Wir sollen nämlich

- mutig Entscheidungen treffen und heiter durchs Leben gehen, nicht verzagt, auch wenn Abschied, Verlust, und Veränderung schmerzvoll sind,
- uns nicht auf etwas versteifen, nichts als endgültig annehmen, sondern stets weitere Stufen des Lebens erwarten und akzeptieren.
- »Abschied nehmen und gesunden«, das heißt lernen, sich entwickeln, besser werden, uns mit jedem Schritt uns selbst näher kommen.

III. Zum Abend
Unterscheiden, um entscheiden zu können

Gib mir die Gelassenheit,
Dinge hinzunehmen,
die ich nicht ändern kann.

Gib mir den Mut,
Dinge zu ändern,
die ich ändern kann.

Und gib mir die Weisheit,
das eine vom anderen zu unterscheiden.
(Friedrich Christoph Oetinger)

IV. Zum Schlafengehen
Es ist nie zu spät für einen neuen Anfang

Überlegen Sie sich, wo bei Ihnen die Unterscheidung liegt. Wie möchten Sie leben? Was können Sie ändern? Was nicht? Womit müssen Sie sich, ob aus objektiven Gründen oder aufgrund Ihrer persönlichen Grenzen, abfinden? Und was können Sie couragiert und heiter angehen?

VIERTER TAG

Das rechte Maß

I. Zum Morgen
Zwischen zu viel und zu wenig

Wer zu viel isst, wird dick und krank, wer zu wenig isst, ist ebenfalls krank. Wer zu viel trinkt, wird oder ist abhängig, wer gar nichts trinkt, mitunter griesgrämig. Wer mit Geld prasst und protzt, dessen Leben bestimmt das Geld. Wer geizt, dessen Leben auch. Diese Aufzählung könnte man beliebig fortführen über Schlafen, Arbeit, Freizeitbeschäftigungen, Sport, Gefühle, Verantwortung, Sexualität. Die Frage nach dem rechten Maß, damit auch die Erscheinung der Maßlosigkeit ist heute von nicht geringerer Aktualität, als sie es vor 1500 Jahren im Leben der Mönche war. Das rechte Maß spielt deshalb in der Benediktregel eine große Rolle als die Mitte zwischen zwei möglichen Extremen.

Ich bin überzeugt, dass das gelegentliche Extrem uns über unsere Grenzen hinausbringt. Ein Stück weit äußert sich darin die Natur des Menschen, die, indem wir Grenzen ertasten und überschreiten, überhaupt erst Entwicklung und Fortschritt ermöglicht. Man darf auch nicht vergessen, dass – ob man das gut findet oder nicht – unser wirtschaftlicher Wohlstand und die technische Entwicklung ein Stück weit von Maßlosigkeit abhängt. Die ökonomische Lehre sagt, dass gerade in Zeiten von Krise und

Stagnation ein maßvolles Verhalten die missliche Lage verschärft. Volkswirtschaftlich gesehen sind also maßvolle Menschen als Konsumenten oder Investoren ein Alptraum. Besonders die Leute jedoch, die das Geld mit vollen Händen ausgeben, Luxusgüter kaufen, spekulieren und Risiken eingehen, verleihen dem Markt Dynamik.

Trotz des volkswirtschaftlich durchaus vorteilhaften Effektes ist das Extrem als Dauerzustand für den Menschen physisch wie psychisch ungesund. Essen und Trinken, Leistung, fühlende Anteilnahme, Verantwortung, Egoismus, ebenso wie Altruismus, Selbstbehauptung und Grenzsetzung – zu viel davon gilt im Allgemeinen als maßlos. Ein Zuwenig ist es aber auch! Beides tut dem Menschen nicht gut. Allerdings hat bereits Aristoteles (384–322 vor Christus) erkannt, dass wir als sinnliche, lustfreundliche Wesen grundsätzlich weiter entfernt sind von angemessener Wohlanständigkeit als von unmäßiger Zuchtlosigkeit. Anders gesagt: Es fällt uns schwerer, die Lüste zu bezähmen als ihnen nachzugeben. Wir denken also bei der Maßlosigkeit richtigerweise zuerst an das Schlemmen, Saufen und Prassen anstatt ans Hungern und Knausern.

Das rechte Maß ist für Aristoteles die Haupttugend für gutes Handeln. In seiner berühmten Nikomachischen Ethik versteht er unter dem Guten keine abstrakte Idee, sondern eine spezifische Lebensform. Er glaubt, dass alle Menschen nach dem Guten streben. Das Ziel dieses Strebens, die Glückseligkeit, ist Aristoteles zufolge nicht von Dauer. Um sie zu festigen, bedarf es regelmäßiger Übung. Nur durch permanente Wiederholung und Verbesserung guter Taten kann dieser erstrebenswerte Zustand erreicht werden. Wie aber handelt man im Aristotelischen Sinn gut? Indem man sich an die rechte Mitte zwischen zwei Extremen hält. Für Aristoteles bedeutet das: zur rechten Zeit, am rechten Ort, den richtigen Menschen gegenüber, aus dem richtigen Beweggrund heraus, in der richtigen Art und Weise sowie und vor allem im richtigen Maß.

Das rechte Maß wiederum trifft man am besten, indem man dasjenige von zwei Extremen vermeidet, das zur relativen Mitte im größeren Gegensatz steht. Wer also vor der Wahl steht, ein Kleinkind, das im Eis eingebrochen ist, ertrinken zu lassen oder unter Lebensgefahr zu retten, sollte nach Aristoteles eher Feigheit als Tollkühnheit vermeiden. Beides ist maßlos, doch wenn es darum geht, Leben zu retten, liegt die maßvolle Mitte näher an der Tollkühnheit. Ebenso sollte nach Aristoteles Prasserei eher vermieden werden als Sparsamkeit, abhängig allerdings vom persönlichen Vermögen. Knausert der Reiche, so gilt er zu Recht als engherzig. Im IV. Buch der Nikomachischen Ethik schreibt Aristoteles:

»Man schätzt die Freigebigkeit nach dem Vermögen. Denn sie beruht nicht auf der Größe der Gabe, sondern auf der Gesinnung des Gebers, und mit der steht es bei dem Freigebigen so, dass er nach dem Maße seines Vermögens gibt.«

Es ist nicht einfach, die rechte Mitte zu treffen bei Handlungen, die in unterschiedlichen Kontexten stattfinden und unterschiedliche Anforderungen stellen. Aristoteles rät hier, sich gesellschaftlich geachtete Menschen zum Vorbild zu nehmen und sich außerdem der guten Sitten der Gemeinschaft wie auch seiner eigenen Erfahrungen sowie seiner Klugheit zu bedienen. Hat sich so eine eingeübte Gewohnheit ausgebildet, fällt es uns leichter, in einer vergleichbaren Situation die richtige Mitte zu treffen.

Diese Mitte ist für Aristoteles stets eine persönliche Mitte. Das bedeutet, und das halte ich für sehr wichtig, dass es keine Verhaltensregeln geben kann, die in jeder Handlungssituation unverrückbar gelten. Die Mitte ist relativ, das rechte Maß nie ein absoluter Maßstab. Insofern ist er auch nicht von einem auf den anderen übertragbar.

II. Zum Mittag
Das Maß des Getränkes

Jeder hat seine Gnadengabe von Gott, der eine so, der andere so. Deshalb bestimmen wir nur mit einigen Bedenken das Maß der Nahrung für andere. Doch mit Rücksicht auf die Bedürfnisse der Schwachen meinen wir, dass für jeden täglich eine Hemina (etwa ein Viertelliter) Wein genügt. Wem aber Gott die Kraft zur Enthaltsamkeit gibt, der wisse, dass er einen besonderen Lohn empfangen wird. Ob ungünstige Ortsverhältnisse, Arbeit oder Sommerhitze mehr erfordern, steht im Ermessen des Oberen. Doch achte er darauf, dass sich nicht Übersättigung oder Trunkenheit einschleichen. Zwar lesen wir, Wein passe überhaupt nicht für Mönche. Aber weil sich die Mönche heutzutage davon nicht überzeugen lassen, sollten wir uns wenigstens darauf einigen, nicht bis zum Übermaß zu trinken, sondern weniger. Denn der Wein bringt sogar die Weisen zu Fall. Wo aber ungünstige Ortsverhältnisse es mit sich bringen, dass nicht einmal das oben angegebene Maß, sondern viel weniger oder überhaupt nichts zu bekommen ist, sollen Brüder, die dort wohnen, Gott preisen und nicht murren. Dazu mahnen wir vor allem: Man unterlasse das Murren.

(Benediktregel, Kap. 40)

III. Zum Abend
Zeitalter der Maßlosigkeit

Der VW-Skandal 2005, die Tatsache, dass der Autokonzern seine Betriebsräte mit Luxusreisen und Prostituierten bestach, um sie der Unternehmensführung gewogen zu machen, ist ein besonders krasses Beispiel dafür, dass hier das rechte Maß offenbar verloren gegangen ist. Von Aristoteles scheinen wir heutzutage nicht mehr viel zu wissen oder wissen zu wollen. Wir leben, das ist mein Eindruck, in einem Zeitalter der Maßlosigkeit. Ich denke an Firmenzusammenschlüsse der letzten Jahre – einer nach dem anderen jeweils der größte in der Wirtschaftsgeschichte. Kein Einzelfall ist die bekannte große Bank, die gleichzeitig Rekordgewinne und Rekordarbeitsplatzabbau ankündigte – auf ein und derselben Pressekonferenz. Vielen Kapitaleignern geht es heute nicht mehr um das Unternehmen im Sinne von »etwas unternehmen mit der Kompetenz der Firma«, sondern allein um billiges Kaufen, Ausschlachten und möglichst teuren Verkauf. Ich denke aber auch an Größenwahn in der Medizin. Hier erwarten uns in den nächsten Jahren, da bin ich mir sicher, noch viele Grenzüberschreitungen.

Es scheint mir, dass sich in unserer westlich-technisierten Welt ein Streben nach dem Maximalen weit verbreitet hat und inzwischen das allgemeine Bewusstsein prägt. Größer, höher, weiter, schneller und immer mehr von allem. Über beste Asphaltstraßen brausen hochmotorisierte Geländewagen, Erdölverknappung und stark steigenden Benzinpreisen zum Trotz. Auf dem Münchner Oktoberfest werden Jahr für Jahr über 500 Vollräusche von Notärzten behandelt. Wochenendausflüge führen mal eben an den Gardasee. Der Badeurlaub scheint nicht mehr in Rimini, auch nicht mehr auf den Kanaren, sondern nur mehr auf den Malediven oder in der Karibik attraktiv. Wenn wir schon beim Urlaub sind: Immer häufiger werden Inklusivangebote gebucht, weil dann das Essen, manchmal auch das Trinken nichts mehr kostet. Es ist entsetzlich zu sehen, welche Mengen und welchen Mischmasch sich manche Menschen am Buffet aufladen und einverleiben.

Mehr haben, mehr wollen, mehr tun, mehr leisten, mehr scheinen, mehr genießen, mehr erleben. Unsere Zeit liebt die permanente Steigerung. Das Phänomen der Maßlosigkeit sieht man nicht nur daran, wie wir mit uns, unserem Körper, unserer Zeit umgehen, sondern auch daran, was wir von anderen Menschen verlangen. Ich kenne jung vermählte Paare, die in meinen Augen nach viel zu kurzer

Zeit das Handtuch werfen, sich keine Chance geben, weil der Partner nicht auf Dauer das erwartete Maximalerlebnis bieten konnte. Auch Sexualität scheint manchmal zum Leistungssport zu werden.

Ich beobachte Maßlosigkeit allerdings auch im umgekehrten Fall: Seit die wirtschaftliche Lage in Deutschland schwieriger wird, Löhne sinken und Menschen Angst vor Arbeitslosigkeit haben oder sich tatsächlich wegen Arbeitslosigkeit einschränken müssen, reduzieren viele ihre Ausgaben. Es ist frappierend, wenn man sich genau ansieht, wo gespart wird: weniger beim Autokauf, bei Unterhaltungselektronik, beim Urlaub. Stattdessen sparen wir beim Essen: beim Essengehen, aber auch bei den Lebensmitteln. Nichts ist in den letzten Jahrzehnten nicht nur in Relation zur allgemeinen Preisentwicklung, sondern zum Teil sogar absolut gesehen billiger geworden als Lebensmittel. Fleisch gab es in meiner Kindheit, obwohl meine Eltern Wirtsleute waren, nur ein- oder zweimal in der Woche. *Heute* essen viele Menschen jeden Tag Fleisch, und zwar zu jeder Mahlzeit. Geiz ist geil! Der Großteil der Lebensmittel wird heute in Discountern gekauft, und natürlich schlägt sich das in der Qualität dessen nieder, was wir essen. Für Alufelgen oder andere mehr oder weniger sinnvolle Extras am Auto zahlt man gern ein bisschen mehr, doch das, was uns ernährt, wird weithin nur nach dem Preis eingekauft! Die Maßlosigkeit hier heißt Knausrigkeit. Man sieht daran, dass im Zuwenig nicht mehr Sinn liegt als im Zuviel.

Es mag jeweils gute Gründe geben für ein Zuviel oder ein Zuwenig. Zu prüfen hat jeder allerdings, ob er diese

Gründe tatsächlich hat. Warum trinke ich zuviel? Weil es ein besonders schöner gelöster Abend mit anderen war, ein Moment, den ich ergriffen habe? Oder weil der Alkohol ein so probates Mittel ist, Unangenehmes von mir wegzuschieben? Wieso fliege ich für den Badeurlaub in die Dominikanische Republik? Weil mich dieses Land interessiert? Oder weil sich das Ziel, wenn ich meinen Freunden davon berichte, exotisch anhört? Oder weil es ein günstiges Angebot im Reisebüro gab, und es mir gleichgültig ist, wo ich am Strand liege? Wieso kredenze ich zum Geburtstag Champagner? Weil ich protzen möchte, oder weil ich ihn tatsächlich schätze? Wieso kaufe ich Lebensmittel nur nach dem Preis? Weil ich es mir anders nicht leisten kann, oder weil ich mich anderswo nicht einschränken will? Es gibt kein absolutes Maß für alle, nur ein ganz persönliches, das es zu finden gilt. Das macht die Sache mit dem Maßhalten so schwer.

IV. Zum Schlafengehen
Vom wahren Zweck der Askese

Der Begriff der Askese, die nicht nur für christliche Mönche, sondern in vielen Religionen eine wichtige Rolle spielt, wird oft falsch verstanden als Verzicht um seiner selbst willen, als besondere, höher stehende Lebensform. Das griechische Wort *askesis* kommt von *askeo*, was so viel wie »üben, sich befleißigen« bedeutet. Sie ist eine bewusste und besondere Leistung: Ein Asket verzichtet, weil er sich auf bestimmte geistige Übungen konzentrieren möchte, die der Erlangung eines als höher erachteten, in der Regel religiösen Zieles dienen. Er dürfte aber auch anders, wenn er wollte. Askese ist deshalb nie ein Zwang, nie ein Gesetz, sondern basiert auf einer freien Entscheidung. In vielen Religionen wechseln sich auch Zeiten der Askese und Zeiten des Genusses ab.

Wichtig, um den Begriff der Askese zu verstehen, ist die Feststellung, dass Askese nicht den Verzicht auf von der Allgemeinheit als überflüssig Entlarvtes meint, sondern immer den Verzicht auf etwas, das persönlich bedeutsam ist. Sie kann in sehr unterschiedlicher Form geübt werden: hinsichtlich des eigenen Körpers als Nahrungsaskese, sexuelle Enthaltsamkeit, Vernachlässigung der Körperpflege, etwa wenn man sich die Haare nicht mehr schneidet. Auch der Verzicht auf körperliche Bedürfnisse wie Schlaf oder Wärme, auf Eigentum, auf Kontakt und Kommunikation etwa in Form eines Schweigegebots kann eine asketische Übung sein, um sich klar zu machen, dass man gewisse Dinge nicht benötigt, dass man auch anders kann, dass Genuss keine Selbstverständlichkeit ist. Sie kann aber auch mit einem konkreten Ziel verbunden sein, etwa wenn man fastet, um geistige Klarheit für eine wichtige Entscheidung zu gewinnen oder ein politisches Ziel zu erreichen.

Askese wurde allerdings immer auch ideologisch missbraucht, indem der Asket aus seiner Leistung eine höhere Wertigkeit ableitet. Indem er glaubt, er sei reiner, höherwertig, gläubiger als andere. Ein solcher Asket beabsichtigt, sich durch seine asketischen Übungen zu bessern und von der Unvollkommenheit der Welt zu lösen, und in manchen Religionen, sich schließlich ganz davon zu lösen. Fundamentalistische religiöse Richtungen haben die Askese oft missbraucht, indem sie zum Selbstzweck erklärt wurde.

Tatsächlich ist Askese jedoch eine Methode, um das rechte Maß zu finden. Gutes Tun bedarf nach Aristoteles der Übung, Maßhalten muss eingeübt werden. Wer jeden Abend Wein trinkt, muss üben, den einen oder anderen Tag auszusetzen. Askese übt den Verzicht, aber nicht den Verzicht als Selbstzweck. Fasten ist keine Lebenshaltung, sondern eine Übung. Es geht nicht ums Hergeben, um den Verzicht um seiner selbst willen, sondern darum, verzichten zu können. Wenn ich faste, zeige ich mir, dass das Pendel vom einen Extremzustand auch in den anderen schwingen kann. Tatsächlich enthalten Askeseformen, ganz im Sinn von Aristoteles, eine frohe Botschaft: Gutes, maßvolles und damit für den Menschen gesundes Handeln ist machbar, weil erlernbar! Die schlechte Nachricht: Man muss ein Leben lang am Ball bleiben. Nehmen Sie sich also mindestens einmal im Jahr Ihre Fastenzeit vor, in der Sie genau auf das verzichten, von dem Sie sich sonst gern etwas zuviel gönnen. Sie werden sehen, wie diese Übung Sie befreit.

FÜNFTER TAG

Verlieren und Gewinnen

I. Zum Morgen
Die Angst vor dem Verlust

Immer wieder hört man, Hitler sei gewählt worden wegen der schlimmen Arbeitslosigkeit zu Beginn der dreißiger Jahre. Das stimmt einerseits, was das Klima in Deutschland anbelangte. Es beschreibt die Tatsachen aber nicht korrekt, wenn man meint, die Arbeitslosen hätten weitgehend geschlossen oder zumindest überproportional die NSDAP gewählt. Im Gegenteil: Arbeitslose wählten überdurchschnittlich die Kommunisten. Die besten Ergebnisse erzielte die Hitler-Partei dagegen bei kleinen Angestellten, unteren Beamten, kleinen Selbständigen, die – alle in Lohn und Brot – Angst vor dem sozialen Absturz hatten. Ich ziehe daraus den Schluss, dass nicht der Verlust als Fakt, sondern die Furcht davor die schwierigere Lebensaufgabe ist.

Diese Verlustangst hängt allerdings meines Erachtens nicht nur mit den persönlichen Umständen und der eigenen Prägung zusammen, sondern vielmehr auch mit einer allgemeinen gesellschaftlichen Einstellung. Leben wir in einem Umfeld, das grundsätzlich zuversichtlich gestimmt ist, oder fürchten sich große Teile der Bevölkerung? Ich habe das Gefühl, dass wir heute in Deutschland wieder in einer Kultur der Furcht leben: vor dem Abstieg, vor dem Verlust. Das hat auf den ersten Blick mit materiellen Tatsachen zu tun: Wem es gut geht, der hat mehr Grund zur Befürchtung, dass es künftig eher abwärts als aufwärts geht, als jemand, dem es schlecht geht. Doch dagegen ist einzuwenden: Wer hat objektiv eine bessere Ausgangsposition? Der junge, gut situierte, gut ausgebildete Akademiker in München oder der Reisbauer, der als Lohnarbeiter nach Shanghai geht?

Es lassen sich für beide Thesen Argumente finden, entscheidend jedoch ist die innere Einstellung. Und da landen wir offenbar bei einem nationalen Dilemma. Der britische Premierminister Tony Blair sagte vor nicht allzu langer Zeit in einer Parteitagsrede, im Vergleich der großen europäischen Nationen sei allein Großbritannien ein Land der Zuversicht. Frankreich plage seine ewige Malaise und Deutschland sei ein Land der Angst. Es spricht aus diesen Worten viel Überheblichkeit, aber es steckt in ihnen auch ein gutes Stück Wahrheit. Nicht nur von außen betrachtet macht Deutschland, machen wir Deutsche einen verängstigten Eindruck. Nicht unsere tatsächliche Lage, unsere unbestreitbaren Probleme in vielen Bereichen hindern und beschweren uns. Es ist unsere Haltung den Dingen gegenüber. Eine letzte politische Bemerkung erlaube ich mir dazu: Es muss wieder mehr Menschen geben, die in ihrer Grundeinstellung das Glas halb voll statt halb leer sehen. Die sich freuen, anstatt zu mäkeln, die sich engagieren, anstatt zu kritisieren. Die zuversichtlich statt skeptisch sind. Ich bin überzeugt, dass das möglich ist. Die Generation meiner Eltern hat dieses Land nach dem Krieg aus dem Nichts aufgebaut. Und wir schaffen nicht mal eine vernünftige Gesundheitsreform? Der Unterschied von damals zu heute ist allein: Wir können mehr verlieren, deshalb haben wir mehr Angst als die Menschen 1945. Deshalb trauen wir uns nichts mehr. Deshalb erscheint das Erreichte noch gefährdeter. Ein Teufelskreis.

Die Feststellung, dass uns die Angst vor Verlust mehr schadet als tatsächlicher Verlust, lässt sich leicht auf persönliche Beziehungen übertragen. Wie viele Paare machen sich das Leben schwer und zerstören auf diese Weise über kurz oder lang ihre Beziehung, indem der eine den Verlust des anderen fürchtet? Indem nachgestellt, hinterhergeforscht, verdächtigt, geargwöhnt wird? Wir müssen verstehen lernen und uns immer wieder klar machen, dass diese Furcht uns vergiftet – nicht die tatsächliche Lage. »Das Glück, das man nie gekannt, zu entbehren, tut nicht weh, weh aber, ein Glück zu verlieren, an das man gewöhnt war«, schrieb Thukydides in seinem Werk über den Peloponnesischen Krieg.

II. Zum Mittag
Phasen des Verlusts

Verlust ist häufig unabwendbar, er wird dann wahlweise als Zufall oder Schicksal empfunden. Ich kann ihn nicht oder nicht mehr verhindern und muss mich mit meiner eigenen Ohnmacht wie mit dem Ereignis selbst abfinden. Es gibt keine andere Möglichkeit! Wie lange aber hadern manche Menschen damit, dass sie ihre Arbeit, ihre Stellung, ihre gesellschaftliche Position verloren haben? Es gibt für solche Fälle ein psychologisches Grundmuster, das die Psychiaterin Elisabeth Kübler-Ross erforscht hat in Interviews mit Sterbenden und deren Angehörigen. Tatsächlich ist der eigene Tod sowie der Tod eines nahe stehenden Menschen der schlimmste, weil einzig endgültige Verlust, den es anzunehmen gilt. Frau Kübler-Ross hat fünf Phasen des Sterbens herausgearbeitet, die sich auf jeden einschneidenden Verlust übertragen lassen, beispielsweise auf das Ende einer Partnerschaft.

Ein Mann, eine Frau, der/die vom Partner verlassen wird, wird dies in einer ersten Phase nicht wahrhaben wollen und isoliert sich, betrinkt sich vielleicht, stürzt sich in Arbeit, versucht, den Verlust nicht zu sehen. Mancher spielt seinen Freunden Gleichgültigkeit vor. Spricht offensiv darüber, wie frei er jetzt doch sei, und welche neuen Möglichkeiten er nun habe, sich selbst zu verwirklichen. Oft sind Freunde von der vermeintlichen Gleichgültigkeit überrascht oder freuen sich, wie gut ihr Freund, ihre Freundin das wegsteckt. Doch dann kommt der Umbruch, die Phase des Zorns. Man wird wütend, auf den Ex-Partner, der einen verlassen hat, auf echte oder vermutete Nebenbuhler, auf Freunde, die einen nicht gewarnt, den Partner vielleicht gedeckt haben. In dieser Phase wird nach Schuld gesucht, wo es selten eindeutige Schuld gibt.

Es folgt das Aufbäumen, das Kämpfen, die Phase des Verhandelns. Es ist die Zeit der verzweifelten Liebesbriefe, der Rosensträuße, der mehr oder weniger hartnäckigen Versuche, den anderen wieder für sich zu gewinnen. Gegen extreme Auswüchse dieser Gefühlsphase arbeitete der deutsche Bundestag im letzten Jahr sogar an einem Anti-Stalking-Gesetz, das Nachstellungen enttäuschter oder unerwidert Liebender unter Strafe stellt. Manche bleiben über Jahre auf dieser Stufe. Opfer solchen Verhaltens können haarsträubende Geschichten erzählen.

Was folgt, ist Depression, die Zeit der subjektiv so empfundenen völligen Aussichtslosigkeit. Das eigene Leben wird ohne das Verlorene als nicht mehr lebenswert empfunden. Das ist auch die Phase, in der Selbstmorde verübt werden. Erst wer dieses tiefe Tal durchschritten hat, wird in der letzten Phase seinen Verlust annehmen können, akzeptieren und nicht trotz, sondern mit ihm zufrieden weiterleben. Wichtig ist, dass man sich die fünf verschiedenen Phasen und Zeit für sie zugesteht. Eine jede hat ihren Sinn und benötigt ihren Raum. Beim einen mehr, beim anderen weniger.

III. Zum Abend
Besser scheitern

Im deutschen Sprachgebrauch gibt es nicht nur Verlierer, sondern auch Gescheiterte. Das sind diejenigen, die an ihrem Unglück selbst Schuld haben. Es gibt zwar jede Menge populärer Sachbücher über den Weg zum Erfolg, aber kaum eines zum Umgang mit dem Scheitern. Wenn Sie beim Internetbuchhändler Amazon eine Suchanfrage eingeben, erhalten Sie zum Stichwort »Erfolg« über 3.000 Treffer, zum Stichwort »Scheitern« dagegen nur 146. Unsere Gesellschaft liebt Erfolg, Karriere, Durchbrüche und Siege. Über Karriereknicks aber, Statusverlust oder Erfolgseinbußen legt sich oft ein Schweigen.

Das halte ich für fatal, denn ein Ziel aufgeben zu müssen, ist eine elementare Lebens- und Lernerfahrung. Schlechte Noten schreiben, eine Klasse wiederholen, im Sport der Schlechteste sein, am Numerus Clausus scheitern, keine Lehrstelle bekommen, nach langer Betriebszugehörigkeit gekündigt werden, ungewollt kinderlos bleiben, sich als untalentiert erleben, einen Auftrag nicht an Land ziehen, ein Projekt in Sand setzen, keinen Partner finden oder erkennen, dass der gewählte nicht der richtige ist, ein Problemkind großziehen, krank werden, aus einem Kloster austreten; diese existenziellen Lebenserfahrungen werden systematisch ausgeblendet. »Mir passiert das nicht« – mit dieser Illusion versuchen die meisten Menschen, die durchaus realistische Gefahr des Scheiterns zu verdrängen – eine Haltung, die in unserer Gesellschaft Methode hat. Es gibt kaum Beispiele dafür, wie Niederlagen bewältigt werden können. Wenn jeder seines Glückes Schmied ist, ist jeder konsequenterweise auch Schmied seines Unglücks. Selbst schuld, denkt die Mehrheit der Bevölkerung zum Beispiel über Langzeitarbeitslose.

Allerdings gibt es Anzeichen dafür, dass sich das ändert. In einem kleinen Berliner Theater erzählten Gescheiterte mit großem Erfolg in der »Show des Scheiterns« ihre Geschichte. Initiiert hatten die Show drei junge Leute einer Berliner Wohngemeinschaft, alle drei Medienschaffende. Der Boom der neuen Medien war gerade jäh zu

Ende gegangen, für die drei jungen Männer war eine Blase voller Illusionen geplatzt. In ihren Shows ließen sie Leute auftreten, die auf komische, tragische oder auch lustige Weise gescheitert waren, ohne dass sie veräppelt wurden. Im Mittelpunkt stand vielmehr die Frage: Warum hat etwas mit Leidenschaft begonnen und ist dann gescheitert? Und: Warum macht man trotzdem weiter? Ich möchte an die Geschichte von Hans im Glück erinnern, eine uns heutigen Erfolgsmenschen sehr sonderbar anmutende Erzählung. Sie beginnt so:

Hans hatte sieben Jahre bei seinem Herrn gedient, da sprach er zu ihm: »Herr, meine Zeit ist um, nun wollte ich gerne wieder heim zu meiner Mutter, gebt mir meinen Lohn.« Der Herr antwortete: »Du hast mir treu und ehrlich gedient, wie der Dienst war, so soll der Lohn sein«, und gab ihm ein Stück Gold, das so groß wie Hans' Kopf war. Hans zog sein Tüchlein aus der Tasche, wickelte den Klumpen hinein, setzte ihn auf die Schulter und machte sich auf den Weg nach Haus. Wie er so dahinging und immer ein Bein vor das andere setzte, kam ihm ein Reiter in die Augen, der frisch und fröhlich auf einem muntern Pferde vorbeitrabte. »Ach«, sprach Hans ganz laut, »was ist das Reiten ein schönes Ding! Da sitzt einer wie auf einem Stuhl, stößt sich an keinen Stein, spart die Schuh und kommt fort, er weiß nicht wie.« Der Reiter, der das gehört hatte, hielt an und rief »Ei Hans, warum läufst du auch zu Fuß?« »Ich muss ja wohl, da habe ich einen Klumpen heimzutragen, es ist zwar Gold, aber ich kann den Kopf dabei nicht gerad' halten, auch drückt mir's auf die Schulter.« »Weißt du was«, sagte der Reiter, »wir wollen tauschen, ich gebe dir mein Pferd, und du gibst mir deinen Klumpen.« »Von Herzen gern«, sprach Hans, »aber ich sage Euch, ihr müsst euch damit schleppen.« Der Reiter stieg ab, nahm das Gold und half dem Hans hinauf, gab ihm die Zügel fest in die Hände und sprach: »Wenn's nun recht geschwind soll gehen, so musst du mit der Zunge schnalzen und ›hopp hopp‹ rufen.«

Hans tauschte im weiteren Verlauf seiner Reise den Lohn für sieben Jahre Arbeit schrittweise gegen eine Kuh, ein Schwein, eine Gans, zwei Wetzsteine – und glaubte jedes Mal, ein gutes Geschäft gemacht zu haben.

Hans lud den Stein auf und ging mit vergnügtem Herzen weiter; seine Augen leuchteten vor Freude. »Ich muss in einer Glückshaut geboren sein«, rief er aus, »alles was ich wünsche, trifft mir ein, wie einem Sonntagskind.« Indessen, weil er seit Tagesanbruch auf den Beinen gewesen war, begann er müde zu werden, auch plagte ihn der Hunger, da er allen Vorrat auf einmal in der Freude über die erhandelte Kuh aufgezehrt hatte. Er konnte endlich nur mit Mühe weitergehen und musste jeden Augenblick Halt machen; dabei drückten ihn die Steine ganz erbärmlich. Da konnte er sich des Gedankens nicht erwehren, wie gut es wäre, wenn er sie gerade jetzt nicht zu tragen brauchte. Wie eine Schnecke kam er zu einem Feld-

brunnen geschlichen, wollte da ruhen und sich mit einem frischen Trunk laben; damit er aber die Steine im Niedersitzen nicht beschädigte, legte er sie bedächtig neben sich auf den Rand des Brunnens. Darauf setzte er sich nieder und wollte sich zum Trinken bücken, da versah er's, stieß ein klein wenig an, und beide Steine plumpsten hinab. Hans, als er sie mit seinen Augen in die Tiefe hatte versinken sehen, sprang vor Freuden auf, kniete dann nieder und dankte Gott mit Tränen in den Augen, dass er ihm auch diese Gnade noch erwiesen und ihm auf eine so gute Art und ohne dass er sich einen Vorwurf zu machen brauchte, von den schweren Steinen befreit hätte: Das einzige wäre ihm nur noch hinderlich gewesen. »So glücklich wie ich«, rief er aus, »gibt es keinen Menschen unter der Sonne.« Mit leichtem Herzen und frei von aller Last sprang er nun fort, bis er daheim bei seiner Mutter war.

Die Geschichte vom Hans im Glück erscheint uns heute etwas seltsam, wir lachen über diesen Dummkopf. Zu unrecht, finde ich, denn auch wenn man jedes einzelne dieser Tauschgeschäfte nicht als klug bezeichnen kann, sind sie, sobald vollzogen, Fakten, die man entweder hinnimmt, oder sich dagegen und damit gegen sein eigenes (Un-)Vermögen auflehnt. Das aber hieße, gegen Windmühlen zu kämpfen. Hans steht für einen Verlierer, wie er nicht üblich ist: einen, der bei seinen Verlusten mehr auf das schaut, was er gewinnt, als auf das, was er verliert. Er lehrt uns, dass es auf die Einstellung ankommt: Wie sehen wir den Verlust? Wie stehen wir zu ihm? Wie nutzen wir ihn? Ich bin überzeugt davon, dass wir damit richtig umzugehen lernen können, auch davon zu profitieren, dass wir loslassen, aufgeben, scheitern. Niederlagen ermöglichen, wenn man sie konstruktiv nutzt, Wachstum. Wer einmal »erfolgreich gescheitert« ist und erlebt hat, dass Freude und Zuversicht wiederkehren, hat gewonnen. Er kann künftig mit dem Unbekannten und seiner Angst vor Verlust besser umgehen. Der Dramatiker Samuel Beckett schreibt dazu: »Einmal versuchen, scheitern. Wieder versuchen, wieder scheitern. Besser scheitern.«

Ich habe selbst akzeptieren müssen, dass ich im Kloster gescheitert bin. Das ist mir schwer gefallen, doch das Scheitern hat, das kann ich jetzt nach fast zwei Jahren sagen, ein Potential in mir freigesetzt, das ich vorher nicht kannte. Unsere Unternehmensberatung ist für mich eine völlig neue Herausforderung. Manchmal entdecke ich auch die Wonnen der Gewöhnlichkeit: Wenn ich einfach nur ausschlafe. Oder wenn ich am Sonntagmittag im Wirtshaus sitze, zwei Weißbier trinke und sonst gar nichts mache. Das ist eine neue, vorher ungeahnte Erfahrung.

Auch wenn es sich paradox anhört: Es gibt so etwas wie besseres oder richtiges Scheitern, nämlich indem man sich das Scheitern eingesteht und erkennt, dass eine weitere Verfolgung des Ziels aussichtslos und kräfteraubend ist. Wer an einer längst gescheiterten Beziehung festhält, wer nicht wahrhaben will, dass seine beruflichen Pläne sich nicht verwirklichen lassen, bringt sich um die Chance, den Gewinn im Verlust zu erkennen. Allerdings verhindert die weit verbreitete Einstellung, Misserfolge müssten auf jeden Fall vermieden oder zumindest kaschiert werden, einen konstruktiven Umgang damit. Wer um keinen Preis scheitern darf, der ist im Ernstfall nicht in der Lage, aus der Situation zu lernen. Die Bereitschaft zur Veränderung, wenn die Umstände es erfordern, ist eine wichtige menschliche Stärke. Hierin ist Hans im Glück im Übrigen kein Vorbild. Er hat zwar eine vorbildliche Haltung zum Verlust und macht das Beste daraus. Er lernt aber nichts dazu. Er scheitert, objektiv gesehen, bei jedem seiner Tauschgeschäfte.

Der Nutzen des Scheiterns könnte darin liegen, dass das für einen persönlich Richtige deutlich wird. Sogar dann, wenn man sich bislang auf dem richtigen Weg wähnte, können in der Niederlage schlummernde Ressourcen entdeckt werden. Ich kann auch ein anderer sein – in dieser Erkenntnis steckt Kraft für einen Neuanfang. Plötzlich gibt es die Möglichkeit, Neues zu erproben, die beengende Routine und Ordnung hinter sich zu lassen, bisher brachliegende Kreativität zu entwickeln.

IV. Zum Schlafengehen
Lass mich kein Feigling sein

> *Lass mich nicht bitten, vor Gefahr bewahrt zu werden, sondern ihr furchtlos zu begegnen, lass mich nicht das Ende der Schmerzen erflehen, sondern das Herz, das sie besiegt, lass mich auf dem Kampffeld des Lebens nicht nach Verbündeten suchen, sondern nach meiner eigenen Stärke, lass mich nicht in Sorge und Furcht nach Rettung rufen, sondern hoffen, dass*

ich Geduld habe, bis meine Freiheit errungen ist, gewähre mir, dass ich kein Feigling sei, der seine Gnade nur im Erfolg erkennt; lass mich aber den Halt deiner Hand fühlen, wenn ich versage.

(Rabindranath Tagore)

SECHSTER TAG

Verantwortung

I. Zum Morgen
Verantwortung abschieben

Ich stoße in vielen Unternehmen, wenn wir über innerbetriebliche Konflikte sprechen, oft auf die Aussage: »Ich habe Sie doch auf CC gesetzt«. CC-Kopien haben den Sinn, auch andere über einen E-Mail-Austausch, den zwei führen, in Kenntnis zu setzen. Das ist an sich eine nützliche Funktion. Sie wird aber meiner Überzeugung nach sehr oft missbraucht, um die Verantwortung über einen Vorgang abzuschieben oder zu verteilen. Wenn es gut geht, hatte man selbst die Idee, bei Schwierigkeiten hingegen kann man immer sagen: Der und die haben doch davon gewusst. Wenn die ihre Mails nicht lesen, sind sie doch selbst schuld! Vor allem in größeren Unternehmen stelle ich immer wieder ein Klima fest, das es dem Einzelnen erschwert, Verantwortung für sein Tun zu übernehmen.

Niemand fühlt sich zuständig, keiner will Entscheidungen treffen, alles muss zuerst durch die bürokratischen Mühlen, damit am Ende keiner schuld sein kann.

Der neue Geschäftsführer eines mittelständischen Unternehmens spürte schon am ersten Arbeitstag das Klima der Verantwortungslosigkeit: Der Pressechef kam mit einem Dienstreiseantrag zu ihm. Er wollte in derselben Stadt einen Journalisten zum Kaffee treffen, der Geschäftsführer möge das doch bitte genehmigen. Um die Rechnung anschließend erstattet zu bekommen, würde er einen Bericht schreiben. Der IT-Verantwortliche sagte dem Geschäftsführer, dass eine Mitarbeiterin einen PC mit mehr Speicherkapazität erhalten solle. Sie habe nämlich sämtliche E-Mails, die sie in den letzten fünf Jahren erhalten und geschickt habe, archiviert, um jederzeit nachweisen zu können, wen sie wann worüber informiert habe. Das nehme viel Datenspeicher in Anspruch. In seinem Schrank fand der neue Geschäftsführer Ordner voller Büroanordnungen und haufenweise Protokolle diverser interner Gremien. Seine Sekretärin wies ihn darauf hin, die Protokolle immer genau zu studieren, denn wenn man nicht aufpasse, würden dort Dinge formuliert, die dann als gegeben betrachtet würden. Der Geschäftsführer wusste, dass er in Sachen eigenverantwortliches Engagement der Mitarbeiter viel zu tun haben würde.

Ein solches Klima halte ich für sehr verhängnisvoll. Es hemmt Prozesse, macht unflexibel, tötet das Engagement und die Kreativität von Menschen. Ich bin der festen Überzeugung, dass wir in Deutschland Arbeit so teuer bezahlen, dass wir sie uns nur leisten können, wenn unsere

Mitarbeiter motiviert sind und mit Freude und persönlichem Einsatz arbeiten. Und wenn Führungskräfte eigenverantwortlichen Entscheidungen ihrer Mitarbeiter vertrauen. Ein Vorgesetzter, der sich mit Erfolgen seiner Mitarbeiter schmückt, sich aber von ihnen distanziert, sobald etwas schief gelaufen ist, wirkt unglaubwürdig.

II. Zum Mittag
Vom Wesen der Verantwortung

Zunächst bezeichnet Verantwortung die Bereitschaft und Verpflichtung, für eigene oder Handlungen anderer die Folgen zu tragen. Das betrifft in erster Linie die Ergebnisse des Handelns, aber auch die Art und Weise des Handelns, also auch Nebeneffekte, etwa im Umgang mit anvertrauten Personen. »Kollateralschäden« nennt zynisch die Militärwissenschaft, neuerdings sogar die Politik, unverantwortliche Nebeneffekte von im Ergebnis vielleicht verantwortlichem Handeln. Einen schönen Hinweis auf das Wesen der Verantwortung liefert seine Wortbedeutung. Der Begriff kam erst im Mittelhochdeutschen auf und wurde ursprünglich im Sinne von »beantworten« verwendet. Tatsächlich erfordert es die Übernahme von Verantwortung, dass man sich fragt und diese Frage beantwortet, ob das, was man tut oder getan hat, gut oder schlecht ist. Damit sind wir bei einem der wichtigsten und schwierigsten Begriff der Philosophie- ebenso wie der Religionsgeschichte. Was ist gut?

Ist es gut und damit verantwortlich, militärisch einzugreifen, um Völkermorde zu verhindern, Hungersnöte zu bekämpfen, den Frieden in der Welt zu sichern? Wäre es gut gewesen, Hitler zu ermorden, oder unverantwortlich? Ist es gut oder ist es Mord, wenn Polizisten zur Befreiung einer Geisel die Geiselnehmer töten? Die klassische Definition des Guten, die auf Platon und Aristoteles zurückgeht, lautet: Das Gute ist das, wonach alles strebt. Leider bleibt auf die Rückfrage die Antwort offen: Ist das, wonach jedermann strebt, auch gut? Viele streben zum Beispiel nach Lust, nach Konsum, nach Haben. Nicht alles davon ist gut. Ist es dann nur gut, wenn es gute Folgen für eine Mehrheit von Menschen hat? Wenn man diesen Gedanken fortführt, ist man schnell bei einer sehr relativen Beschreibung des Guten als dem »größten Glück der größten Zahl«. Gibt es also das absolut Gute gar nicht? Dostojewskij, der sich in seinem Werk intensiv mit dem Bösen und dessen Sühne befasste, hat auf diese Frage einen interessanten Hinweis gegeben. In seinen »Aufzeichnungen aus einem toten Haus« schreibt er:

> *Indes wird wohl jeder mit mir übereinstimmen, dass es, aller erdenklichen Standpunkte ungeachtet, Verbrechen gibt, die immer und überall nach allen Gesetzen seit Anbeginn der Welt unbestreitbare Freveltaten sind und sein werden, solange der Mensch Mensch bleibt.*

Ich bin überzeugt davon, dass es das absolut Gute gibt, und dass es dem Menschen auch immanent ist. Intuitiv wissen wir, was gut und was schlecht ist, und wenn wir ehrlich in uns hineinhören, können wir es nicht ignorieren. Das fällt nicht immer leicht. Deshalb haben Philosophen ebenso wie Religionsgelehrte versucht, das Gute in klare Regeln zu fassen. Je konkreter sie dabei werden, desto leichter entwischt ihnen allerdings der Einzelfall. Sehr allgemein und damit allumfassend hat Immanuel Kant seine Regel vom guten Tun formuliert, den berühmten kategorischen Imperativ:

> *Grundgesetz der reinen praktischen Vernunft:*
> *Handle stets so, dass die Maxime deines Willens jederzeit zugleich als Prinzip einer allgemeinen Gesetzgebung gelten könne.*
> *(Immanuel Kant: Kritik der praktischen Vernunft § 7)*

Mich erstaunt bei der Lektüre dieses Abschnitts immer wieder, dass 1700 Jahre vor Kant bereits etwas sehr Ähnliches formuliert wurde:

> *Die Goldene Regel:*
> *Alles, was ihr also von anderen erwartet, das tut auch ihnen! Darin besteht das Gesetz und die Propheten.*
> *(Mt 7,12)*

Und der Volksmund sagt:

> *Was du nicht willst, das man dir tu, das füg auch keinem anderen zu!*

III. Zum Abend
Die eigene Verantwortung

Ganz neue Impulse erhielt die Diskussion um Verantwortung nach dem ersten Weltkrieg durch Max Webers Gegenüberstellung von Gesinnungs- und Verantwortungsethik insbesondere auf den Beruf des Politikers bezogen. Der Gesinnungsethiker zielt allein auf das Motiv und die Absicht des Handelnden ab und wägt ab, ob einzelne Mittel absolut erlaubt oder verboten sind. Die Verantwortungsethik hingegen kennzeichnet, dass bei ihr die erwartbaren Folgen der Handlung berücksichtigt werden. Sie stellt damit die tatsächlichen Ergebnisse und Nebenfolgen der Handlung über das Motiv und die Absicht des Handelnden. In der Verantwortungsethik heiligt der Zweck im Extremfall die Mittel.

Ein Beispiel: Ein reiner Verantwortungsethiker wird Spenden für Lebensmittellieferungen an Hungernde in Afrika wahrscheinlich ablehnen, wenn nicht gleichzeitig wirksame Maßnahmen ergriffen werden, um das dortige Bevölkerungswachstum zu hemmen, da sonst zu erwarten wäre, dass zukünftig pro Jahr mehr Menschen leiden und verhungern, als dies jetzt der Fall ist. Auch wird der Verantwortungsethiker berücksichtigen, welche positive Wirkung man durch eine alternative Spendengelderverwendung erzielen könnte. Ein Gesinnungsethiker wird immer helfen, weil es die Nächstenliebe ebenso wie der kategorische Imperativ erfordern.

Ein Problem für das Handeln entsprechend der Verantwortungsethik ist allerdings die oft mangelhafte Voraussagbarkeit bzw. Abschätzbarkeit der Folgen und Ergebnisse. Außerdem fehlt eine einheitliche Hierarchie von Werten. Hat die Verhinderung weiterer Kriegsopfer den Einsatz der Atombombe über Hiroshima und Nagasaki nach der Verantwortungsethik gerechtfertigt? Aus diesem Grund stehen sich Gesinnungs- und Verantwortungsethik nach Max Weber zwar gegenüber, sie schließen sich aber nicht aus. Auch wenn Politiker überwiegend verantwortungsethisch vorgehen sollten, ist es ihre Aufgabe, eine Balance zwischen Verantwortungsethik und Gesinnungsethik zu finden. Das gilt, finde ich, für jedermann auch im Bereich der eigenen Handlungen.

Verantwortung heißt deshalb in zweiter Konsequenz abzuwägen, *wie* ich verantwortlich handle. Das heißt festzustellen, was von dem, das ich tun kann, absolut geboten bzw. verboten ist – oder was unter Abwägung der Folgen meines Tuns. In einem ersten Schritt ist dagegen zu klären, *wofür* ich eigentlich zuständig, verantwortlich bin. Ich möchte einige Fragen stellen, die diesen Bereich umgreifen.

Sehe ich mich als einen Menschen, der sich in der Gemeinschaft bewähren muss? Erkenne ich, dass meine Kräfte und Fähigkeiten durch das Zusammenleben mit anderen erprobt und entfaltet werden? Denke, bete, rede ich nur im »Ich« oder auch im »Wir«? Kann ich mich mit anderen freuen, mit ihnen leiden und hoffen? Habe ich den Willen zur Zusammenarbeit?

Gebe ich anderen in meiner Gegenwart Raum, sich zu entfalten? Sehe ich sie oder nehme ich sie an? Lasse ich sie ausreden? Oder dränge ich ihnen meine Ansichten, meine Art, die Dinge zu sehen und das Leben zu gestalten auf? Gehe ich auf die Wünsche und Vorstellungen anderer ein? Oder bin ich unzufrieden, wenn sie sich nicht nach mir richten? Baue ich Brücken zwischen den Menschen oder entzweie ich sie? Weiche ich aus, wenn andere auf mich zugehen oder mich um etwas bitten? Helfe ich Menschen in der Not? Trage und gestalte ich das Leben der Gemeinschaft mit? Wende ich Zeit, Kraft, Geld dafür auf? Oder versuche ich, mich den Ansprüchen der anderen möglichst zu entziehen, um meine Ruhe zu haben? Warum suche ich die Gesellschaft anderer Menschen? Nur meinetwegen oder auch ihretwegen? Nur weil es mir Vorteile bringt oder Ehre einträgt? Nur, weil ich sonst auffallen würde?

Habe ich den Mut, mich auf die Seite der weniger Geachteten und der Bedrängten zu stellen, Angegriffene zu verteidigen, für Wahrheit, Recht und Liebe einzutreten? Oder fürchte ich mich, gegen die Mehrheit mein Wort zu erheben, wenn nötig, auch zu handeln? Laufe ich blind einfach mit? Bemühe ich mich um eigene Meinung? Halte ich auch dann an ihr fest, wenn es mir vielleicht Nachteile bringt? Bin ich bereit, auf Gegengründe einzugehen und meine Meinung zu ändern, wenn sie sich als falsch erweist?

(Gotteslob, Kath. Gebet- und Gesangsbuch)

Das, was Sie soeben gelesen haben, nennt man in der katholischen Kirche Beichtspiegel. Das, was dabei in Ihnen geschehen ist, kann man als Beichte bezeichnen. Ich weiß, dass viele heute die Beichte ablehnen und falsche Vorstellungen damit verbinden. Oft argumentieren Menschen, die noch nie gebeichtet haben, dieses Sakrament sei ein Instrument der Beeinflussung und geistigen Unterdrückung durch die Kirche. In der Tat halte ich das Bild des in Beichtstühlen vor dem Priester knienden Gläubigen für problematisch. Denn tatsächlich geht es nicht darum, Lasten aufzuladen, sondern Lasten zu nehmen. Es gibt längst modernere und angemessenere Formen der Beichte. Sie ist ein gutes Instrument, sich und sein Handeln, Bereich und Grenze seiner Verantwortung immer wieder neu zu justieren.

IV. Zum Schlafengehen
Grenzen der Verantwortung

Wenn wir uns die Frage stellen, wofür wir verantwortlich sind, müssen wir uns auch klarmachen, wofür wir keine Verantwortung tragen (können). Auch an dieser Antwort kann man scheitern. Ich denke an Menschen, die sich für zu viel, manchmal für alles um sich herum verantwortlich fühlen. Für ihre Kinder, ihre Partner, für jedwedes soziale oder politische Projekt. Es geht mir selbst so: Wenn ich Gäste habe, fühle ich mich verpflichtet, den ganzen Tag für sie ein Programm zu machen, auch wenn sie alles andere als zum ersten Mal in München sind und vielleicht auch gerne mal ohne mich unterwegs wären, sich das aber nicht zu sagen trauen. Ich kenne Frauen, die sich für die Äußerungen ihrer Männer entschuldigen. Ich kenne Männer, die bei Konflikten in ihrer Umgebung immerzu ausgleichend wirken wollen – und damit oft das Gegenteil bewirken. Auch Verantwortung hat ihre Grenzen. Es ist wichtig zu erkennen, wo der eigene Verantwortungsbereich aufhört und der eines anderen beginnt. Und selbst innerhalb des eigenen Bereichs kann die Verantwortung enden. Dann nämlich, wenn es keine Möglichkeit mehr gibt zu handeln, wenn Dinge nicht (mehr) zu ändern sind, sondern hingenommen werden müssen.

Der Abteilungsleiter eines Unternehmens in Norddeutschland wunderte sich schon einige Zeit über seinen Mitarbeiter. Früher stets äußerst fleißig und zuverlässig, hatte er sich in letzter Zeit verändert. Nicht nur, dass er häufiger krank war – er entschuldigte sich auch nicht immer sofort am ersten Tag. In seiner Arbeit vergaß er häufiger Dinge, musste an seine Aufgaben erinnert werden, war nicht mehr wie früher absolut zuverlässig. Einmal, als er am Morgen einer wichtigen Veranstaltung, die er organisiert hatte, verschlief, musste er abgemahnt werden. Ein weiteres Mal, als er zwei Tage unentschuldigt und ohne telefonisch erreichbar zu sein, fehlte.

Als sich eine Verletzung an der Hand über zwei Wochen hinzog, bat der Abteilungsleiter die zwei Kolleginnen zu sich und um eine ehrliche Auskunft. Nach einigem Zögern verrieten die beiden, dass ihr Kollege seit langem Alkoholiker sei, es auch einige im Unternehmen wüssten, ihn aber bisher gedeckt hätten. Der Abteilungsleiter beriet sich lange mit den Kolleginnen über das weitere Vorgehen. Er hätte dem Mitarbeiter nach den beiden Abmahnungen beim nächsten Pflichtverstoß, der abzusehen war, kündigen können. Doch er fühlte sich für ihn verantwortlich. Er wollte ihm eine Chance geben, obwohl es dem Unternehmen nicht gut ging und Personal abgebaut werden musste.

Als der Kollege wieder ins Büro kam, sprach ihn sein Vorgesetzter ohne Umschweife an: »Ich weiß, dass Sie Alkoholiker sind. Klar ist, dass Alkohol im Unternehmen tabu ist. Was Sie zuhause machen, kann ich Ihnen nicht untersagen. Die Gründe, weshalb Sie trinken, sind nicht meine Sache. Die müssen Sie in den Griff kriegen. Wir bieten Ihnen dafür eine dreimonatige Auszeit an, in der ich Pflichtwidrigkeiten Ihrerseits nicht ahnden werde. Dafür verpflichten Sie sich, eine Therapie beginnen und mich über Ihre Schritte und Erfolge zu informieren. Dafür können Sie auch das Internet und Telefon am Arbeitsplatz benutzen. Die beiden Kolleginnen werden in dieser Zeit Ihre Arbeit wenn nötig mit übernehmen.«

In den nächsten Wochen suchte der Mitarbeiter tatsächlich eine Selbsthilfegruppe und eine Therapieeinrichtung auf und hielt seinen Vorgesetzten auf dem Laufenden. Der überzeugte sich auch davon und ging mit seinem Mitarbeiter nach der dreimonatigen Auszeit zu der Betreuerin in der Einrichtung, um sich über die weiteren Schritte zu informieren. Er gewann einen guten Eindruck, der auch von der Arbeitsweise des Mitarbeiters gestützt wurde. Offenbar war der auf einem guten Weg.

Einige Monate später beschloss der Vorstand des Unternehmens Entlassungen, um den Fortbestand der Firma zu sichern. Diese Maßnahme war unausweichlich. Der Abteilungsleiter hatte nun die Aufgabe, sich von einem seiner drei Mitarbeiter zu trennen. Aber von wem? Im Interesse des Unternehmens war es, dem schwächsten seiner Mitarbeiter zu kündigen: dem Alkoholiker. Soziale Gründe allerdings sprachen für ihn und gegen eine der beiden Kolleginnen. Die nämlich würden leichter wieder eine neue Stelle finden als er, von dem der Vorgesetzte vermutete, dass er erneut und vielleicht endgültig abgleiten würde. Die Chance, die man ihm geboten hatte, wäre dahin.

Der Vorgesetzte sah, dass hier seine Verantwortung für den Mitarbeiter endete. Er empfand, dass die Fürsorgepflicht der Firma ihm gegenüber nur solange gelte, solange sich die das leisten könne. Jetzt war das Unternehmen in existenzieller Not. Eine gute Mitarbeiterin zu kündigen, um einem alkoholkranken zu helfen, empfand er als unverantwortlich. Er musste hier eine Grenze der Verantwortung ziehen. Ein Unternehmen ist keine Therapieanstalt, stellte er für sich klar. Er kündigte dem Mitarbeiter, der tatsächlich abglitt. Das Unternehmen überlebte.

SIEBTER TAG

Zwölf Seligkeiten

Für jene, die ein bisschen Humor haben und weise werden wollen:

Selig die,
die über sich selbst lachen können, denn sie werden immer genug Unterhaltung haben.

Selig die,
die einen Berg von einem Maulwurfshügel unterscheiden können, denn es wird ihnen eine Menge Ärger erspart bleiben.

Selig die,
die fähig sind, sich auszuruhen und zu schlafen, ohne dafür Entschuldigungen zu suchen, denn sie werden weise werden.

Selig die,
die schweigen und zuhören können, denn sie werden dabei Neues lernen.

Selig die,
die intelligent genug sind, um sich selbst nicht zu ernst zu nehmen, denn sie werden von ihrer Umgebung geschätzt werden.

Selig die,
die aufmerksam sind für den Anruf der anderen, ohne sich jedoch für unersetzlich zu halten, denn sie werden Freude säen.

Selig seid ihr,
wenn ihr es versteht, die kleinen Dinge ernst und die ernsten Dinge ruhig anzusehen, denn ihr werdet im Leben weit kommen.

Selig seid ihr,
wenn ihr lächeln könnt und kein böses Gesicht macht, denn euer Weg wird sonnenbeschienen sein.

Selig seid ihr, wenn ihr fähig seid, das Verhalten der anderen immer mit Wohlwollen zu interpretieren, auch wenn der Anschein dagegen spricht, denn ihr werdet zwar für naiv gehalten werden, aber das ist der Preis für die Liebe.

Selig die, die denken, bevor sie handeln und beten, bevor sie denken, denn sie werden eine Menge Dummheiten vermeiden.

Selig seid ihr, wenn ihr schweigen und lächeln könnt, auch wenn man euch das Wort abschneidet, euch widerspricht oder auf die Zehen tritt, denn das Evangelium fängt an, euer Herz zu durchdringen.

Selig seid vor allem ihr,
die ihr den Herrn in all denen erkennen könnt, die euch begegnen, denn ihr werdet das wahre Licht und die wahre Weisheit besitzen.

ACHTER TAG

Familie und Partnerschaft

I. Zum Morgen
Beziehungsräume

Wer ein Training für Körpersprache mitmacht, lernt rasch, dass jeder Mensch einen ganz persönlichen Bereich um sich herum hat, den er als seinen eigenen, intimen Raum empfindet. Meistens reicht er so weit, wie die Arme fassen können. In diesem Bereich bin ich zuhause, kann ich gestikulieren, mich bewegen. Ein anderer, der in diesen Bereich eindringt, kommt mir immer nahe, manchmal zu nahe, das hängt davon ab, ob ich sein Eindringen wünsche oder nicht. Auch wer eine Psychotherapie beginnt, wird vielleicht vom Therapeuten in der ersten Sitzung gefragt, in welcher Entfernung von ihm er/sie sitzen möchte: einen halben Meter oder zwei Meter?

Der persönliche Raum spielt besonders in der Partnerschaft eine große Rolle, dem Raum, in dem sich Menschen in der Regel am nächsten kommen. Über diese rein körperlichen Räume hinaus sind Partnerschaft und Familie als ein Lebensraum zu sehen, und zwar als ein sehr wichtiger, kraftspendender, manchmal kräfteraubender. Er ist aber nicht der einzige, sondern steht in Konkurrenz zu anderen Räumen: zum Beruf, zu Freunden, zum gesellschaftlichen Engagement, auch zum ganz eigenen Entfaltungsraum.

Genauso wie bei den Räumen um Körper herum kann sich zwischen den Lebensräumen ein Spannungsverhältnis entwickeln, denn jeder Raum hat seinen eigenen Anspruch und benötigt seine Zeit. Manchmal greift der eine in den anderen Raum hinein. Wie viele Partner klagen darüber, dass der andere für alles Mögliche Zeit und Raum findet, nur nicht für den Partner. Sie fühlen sich vernachlässigt, nicht wichtig genommen, herabgewürdigt. Der andere wiederum nimmt das wahr, fühlt sich seinerseits womöglich eingesperrt und kann sich gar nichts Befreienderes vorstellen als – wodurch auch immer – die Flucht zu suchen: in andere Räume, manchmal auch zu anderen Menschen, die gegenüber der Beziehung schnell an Wert gewinnen können.

Wie groß die jeweils persönlichen, die externen Räume und der gemeinsame Raum in einer Partnerschaft sein müssen, dafür gibt es kein absolut gesetztes rechtes Maß. Das ist stets und damit auch für jede Beziehung relativ. Hier einen fairen und klugen Ausgleich zwischen den Räumen und ihren jeweiligen Ansprüchen zu finden, darin liegt die Kunst einer glücklichen Beziehung. Dazu gehört auch, dem Raumanspruch des anderen Grenzen zu setzen, sich, wenn es sein muss, gegen zu starke Vereinnahmung zu wehren. Das kann und sollte jedoch liebevoll geschehen, denn es liegt im Interesse beider.

Wenn wir das Bild mit den Räumen weiterverfolgen, dann erscheint der Wechsel von einer Ein- in eine Zweizimmerwohnung als eine Verbesserung. Und wenn man darin mit dem richtigen Menschen lebt, kommt sie einem wie eine Villa vor! Genauso verhält es sich mit der erfolgreichen Verbindung zweier individueller Lebensräume zu einer Partnerschaft: Eins und eins sind dann oft wesentlich mehr als zwei. Ich meine damit, dass zwei Menschen miteinander, wenn sie ihre Lebensräume nach dem rechtem Maß verknüpft haben, eine Einheit bilden, die stärker ist als die Summe aus den beiden. Manchmal aber ist es umgekehrt: Eins und eins schließen sich zusammen und sind weniger als zwei. Vielleicht sogar weniger als eins.

Der gemeinsame Raum einer Partnerschaft kann als Sinnraum bezeichnet werden – ähnlich dem gemeinsamen Raum in Unternehmen zwischen Führungskräften, Geführten und dem Ziel des gemeinsamen Wegs. In der Partnerschaft kann tatsächlich auch einer mehr als der andere führen. Führung kann auch von Bereich zu Bereich wechseln, muss aber für beide, damit sie in der Partnerschaft funktioniert, eine frei gewählte Rolle bleiben, in der sich beide wohl fühlen. Außerdem gilt hier ganz besonders die von Benedikt dem Abt zugeschriebene Verantwortung des Führenden für den Geführten. Als dritte Begrenzung des gemeinsamen Sinnraums einer Partnerschaft steht der Zweck, der Wert, stehen die gemeinsamen Inhalte einer Partnerschaft.

II. Zum Mittag
Ein Liebesgedicht

Das Leben
wäre
vielleicht einfacher

wenn ich dich
gar nicht getroffen hätte

Weniger Trauer
jedes Mal
wenn wir uns trennen müssen
weniger Angst
vor der nächsten und übernächsten Trennung

Und auch nicht soviel
von dieser machtlosen Sehnsucht
wenn du nicht da bist
die nur das Unmögliche will
und das sofort
im nächsten Augenblick
und die dann
weil es nicht sein kann
betroffen ist
und schwer atmet

Das Leben
wäre vielleicht
einfacher
wenn ich dich
nicht getroffen hätte
es wäre nur nicht
mein Leben

(Erich Fried)

III. Zum Abend
Warum Beziehungen scheitern

Ich unterscheide das unnötige vom notwendigen Scheitern. Notwendig ist es in meinen Augen dann, wenn sich Partner zusammengefunden haben, die sich angreifen anstatt ineinander zu greifen. Die sich in ihren grundlegenden Bedürfnissen und Ängsten widersprechen. Die dem Gemeinsamen nicht den gebührenden Wert beimessen und die auch keinen Weg der konstruktiven Auseinandersetzung finden. Das bedeutet freilich nicht, dass sich alle notwendigerweise gescheiterten Beziehungen trennen.

Unnötig scheitern Beziehungen dann, wenn die genannten Bedingungen überwiegend erfüllt sind, die beiden also eigentlich zueinander passen, aber der Wille, das Einfühlungs- oder das Kommunikationsvermögen fehlt. Oder wenn der gemeinsame Sinnraum leer geblieben ist. Unnötig können Beziehungen auch dann scheitern, wenn der gemeinsame Raum unangemessen groß, die anderen Räume aber zu klein geraten sind. Oder umgekehrt. Eine typische Auseinandersetzung:

»Du bist nur noch an deiner Arbeit interessiert. Du hast eine Liebesbeziehung mit deinem Computer. Ich habe es satt. Ich kenne dich gar nicht mehr. Du interessierst dich nicht für mich. Wir haben gar nichts mehr gemeinsam!«

»Ich verstehe nicht, wieso du so schwierig bist. Alles, was ich höre, sind Vorwürfe. Nichts mache ich richtig. Es ist immer dasselbe. Du bist ständig verärgert und ermahnst mich tausendmal am Tag. Kein Wunder, dass ich lieber runter zum Computer gehe. Da habe ich wenigstens ein bisschen Frieden.«

Ein Streit, wie ihn viele Paare kennen dürften. Frauen greifen an, der Mann zieht sich scheinbar desinteressiert zurück. Die Frau greift noch mehr an. Der Mann ärgert sich. Meistens dreht es sich um Banalitäten, hier die Arbeit am Computer. Der tatsächliche Grund aber ist oft ein unerfülltes emotionales Bedürfnis. Niemand würde in einer glücklichen und gewinnbringenden Beziehung einen Streit über herumliegende Klamotten oder offen stehende Schubläden heraufbeschwören. Wenn sich aber Partner in einem destruktiven Streit über oberflächliche Anlässe verlieren, kennen sie entweder ihre eigenen Bedürfnisse und die ihres Partners nicht oder vermögen nicht, sie zu artikulieren und sich darüber auszutauschen. Diesen Partnern fehlen in Stresssituationen die Kompetenzen, die benötigt werden, um Druck aus dem Kessel zu nehmen, den Blick von den Äußerlichkeiten eines Konflikts weg auf seinen Kern zu lenken und dem andern zu vermitteln, dass man ihn ernst nimmt und um eine konstruktive Einigung bemüht ist. Auch gemeinsamer Humor dürfte nicht von Nachteil sein.

Ein Streit bringt dann Gewinn,
wenn man sein Bedürfnis kennt
und es benennt.

Gerade bei Konflikten in der Familie scheint es mir von großer Bedeutung, zu hinterfragen, was hinter einer Auseinandersetzung steckt. Welche Ängste? Vor Zurückweisung? Vor dem Verlassenwerden? Die Angst, nicht geliebt zu sein oder die Angst, erdrückt zu werden? Oder habe ich, hat mein Partner ein Problem, das gar nicht im gemeinsamen, sondern im persönlichen, im beruflichen, in einem anderen Bereich liegt? Über Gefühle zu sprechen, fällt vielen schwer. Ich sehe aber keine andere Möglichkeit, um Konflikte in Beziehungen konstruktiv anzugehen.

IV. Zum Schlafengehen
In guten wie in schlechten Tagen

Ich erinnere mich an eine äußerst kritische Zuspitzung in der damals vier Jahre bestehenden Ehe zweier Freunde von mir: Er ging ihr schon einige Zeit aus dem Weg, zog nächtelang mit Freunden durch Kneipen, war viel auf Dienstreisen unterwegs, während die beiden immer weniger zusammen unternahmen. Sie schilderte ihm ihre Eifersucht auf die Zeit, die er mit anderen verbrachte, da er mit ihr offenbar überhaupt keine Freude mehr hatte. Sie wollte die Aussprache über die gemeinsamen Probleme, er verweigerte sich, sagte, es sei alles in Ordnung, wenn sie ihm nur den Freiraum, den er brauche, gebe. Sie spürte aber: Das war nicht mehr der Mann, den sie geheiratet hatte. Er begann sehr stark zu rauchen und trank deutlich mehr Alkohol. Je mehr er sich ihr entzog, desto heftiger versuchte sie, ihn an sich zu binden. Sie verlor langsam ihre Gelassenheit ihm gegenüber, mäkelte immer mehr an ihm herum. Gleichzeitig gab es Phasen, in denen er ihr gestand, dass er zur Zeit große Schwierigkeiten mit sich selbst habe, sie aber nicht genau benennen könne. Auf dieser Ebene versandeten die Gespräche.

Die Situation begann zu eskalieren, als sie per Zufall ein Telefonat ihres Mannes mithörte – am anderen Ende ohne Zweifel eine andere Frau. Angeblich, so sagte er später, eine Freundin, mehr sei da nicht. Misstrauen aber ist ein schleichendes Gift, deshalb ging sie, was sie noch nie getan hatte, eines Tages an seinen Rechner und las seine E-Mails. Tatsächlich plante ihr Mann hinter ihrem Rücken ein gemeinsames Wochenende mit der Frau, die in einer anderen Stadt wohnte.

Sie sprach ihren Mann noch am selben Abend an, war wütend und schrie. Am nächsten Tag weinte sie. Am dritten war sie nah dran, zu resignieren und alles hinzuwerfen. Sie rechnete schon durch, ob ihr Einkommen allein für den Wohnungskredit reichen würde. Ihr Mann sagte, er könne nicht anders, er wisse selbst nicht, wie es weitergehen solle, jedenfalls nicht so wie bisher. Er entschuldigte sich immer wieder, dass er seine Frau so verletze, bat sie aber darum, ihn nicht unter Druck zu setzen. Mit der anderen Frau sei nichts gewesen. Er liebe seine Frau und benötige Zeit, um einen Weg zu finden.

Die Frau wusste, dass die andere nicht das Problem darstellte – er kannte sie ja kaum. Die Ursache des Konflikts lag bei ihrem Mann und in ihrer beider Beziehung. Sie wusste aber auch, dass ihre Beziehung auch für ihn einen großen Wert besaß. Vor allem wusste sie, was sie wollte: ihn. Er war der Mann, mit dem sie alt werden wollte. Und wenn dieses Ziel galt, dann hatte sie keine Möglichkeit. Sie, die sonst so selbstbewusste Macherin, musste abwarten, sich zurückhalten und gedulden. Sie musste seine schrecklichen Launen, seine Zweifel, seine Aggressivität, seine Abwendung von ihr ertragen. Sie musste akzeptieren, dass er von zu Hause mit der anderen Frau telefonierte. Und sie musste akzeptieren, dass er mit der anderen Frau übers Wochenende an die Ostsee fuhr, wo er seine Ehefrau, wie es kommen musste, betrog. Diese Wochen waren für sie eine Prüfung, wie sie sie noch nicht erlebt hatte.

Und es hatte damit noch kein Ende. Ihr Mann schlitterte in eine Depression, begab sich in psychologische Betreuung, bekam ein Antidepressivum verschrieben, das ihn emotional ziemlich gleichgültig machte. Sie erkannte, dass er erst mit sich ins Reine kommen musste, bevor sie sich ihrer Beziehung zuwenden konnten, doch trotz dieses Wissens kamen beide im aufreibenden täglichen Zusammenleben an ihre Grenzen. Der Weg war hart, vor allem, weil ihr klar wurde, dass sie weinen, toben, resignieren konnte, nur dass das alles nichts nützen würde. Deshalb blieb sie trotz zahlreicher böser Worte von beiden offen für ihren Mann und damit bei ihm. Am Ende war sie damit erfolgreich.

Meine Freundin erlebte das, was mit den »schlechten Tagen« gemeint ist, wenn ein Paar bei der Trauung die bekannten Formeln spricht. Allzu oft wollen Paare nur von den guten Tagen hören und geben viel zu schnell auf, wenn die schlechten kommen. Eine Liebe muss freilich auch sie ertragen können. Nur dann ist sie eine.

NEUNTER TAG

Sexualität

I. Zum Morgen
Die Natur des Triebs

Ich habe lange darüber nachgedacht, ob ich das Thema Sexualität im Stundenbuch behandeln soll. Mancher mag denken: Was will einer, der fast dreißig Jahre im Kloster gelebt hat, von Sexualität erzählen? So viel zumindest: Auch hinter Klostermauern entgeht man ihr nicht. Der Eros ist eine so starke menschliche Antriebskraft, dass es nur wenigen Menschen gelingt und – wie ich glaube – auch gut tut, ihn nicht zu leben.

Man muss es nicht so drastisch formulieren wie Aldous Huxley, der schrieb, der Trieb sei alles, Keuschheit dagegen die »unnatürlichste aller sexuellen Perversionen«. Die menschliche Zivilisation hat sich ja auch in anderen Bereichen von biologischen Urtrieben entfernt: Wir essen und trinken heute aus einer Vielzahl von Gründen und in anderen als unmittelbar nötigen Formen, doch den Hunger und den Durst als zugrunde liegende Triebe heben wir dadurch nicht auf.

Es ist ganz aufschlussreich zu sehen, wieso die Natur die Sexualität erfunden hat – eine im Vergleich zur ungeschlechtlichen Fortpflanzung umständliche, zeitraubende und gefährliche Methode. Wissenschaftler haben inzwischen herausgefunden, dass gleich drei Vorteile zusammenwirken, um Sexualität zur besten Fortpflanzungsmethode zu machen: Geschlechtlichkeit hält eine Spezies gesund, das Erbgut intakt und ermöglicht es, den überlebensfähigsten Nachwuchs zu zeugen.

Auch Monogamie ist alles andere als natürlich. Schließlich haben nicht nur Menschenpaare das Problem von Unfruchtbarkeit. Aus diesem Grund streben die Weibchen vieler Arten danach, den Fortpflanzungserfolg zu sichern oder zu maximieren, indem sie sich mehrere Männchen nehmen. Die religiöse Rechte in den USA lobte letzten Herbst den eindrucksvollen Dokumentarfilm »Die Reise der Pinguine« des französischen Tierfilmers Luc Jacquet, weil darin Kaiserpinguine als treue Ehepartner dargestellt wurden. Die Wahrheit der Natur ist eine andere. Jedes Jahr wählen etwa 85 Prozent der Kaiserpinguine einen neuen Partner. Der Drang, einen Partner zu finden und ihn zu verführen, ist auch eine der stärksten Kräfte der Evolution. Ohne Sex gäbe es keinen Rosenduft, keine Magnolienblüte, keinen Lerchengesang – alle Pracht und Opulenz in der Natur verdankt die Welt dem Drang zur Partnerschaft. Er ist Natur und Grundzug auch des Menschseins. Ob es der religiösen Rechten oder der katholischen Kirche passt oder nicht.

II. Zum Mittag
Kirche und Sexualität

Es geht mir trotz aller berechtigten Einwände gegen den Strich, wenn Kritik an der Kirche oft ausschließlich am Zölibat und an der Einstellung zu Pille, Kondom oder Homosexualität festgemacht wird. In den ersten Kommentaren nach der Wahl Joseph Ratzingers zum neuen Papst las ich immer wieder, die wichtigste Aufgabe, die auf den neuen Papst warte, seien Reformen bei Zölibat und Sexualmoral. Ich höre diese Kritik auch oft von Menschen, die mit Religion oder Kirche überhaupt nichts zu tun haben. Was geht sie dann aber der Zölibat an? Ohne Zweifel hat die katholische Kirche bei diesen Themen Reformbedarf, gleichzeitig gibt es, und das wird oft übersehen, erheblich wichtigere Glaubensfragen. Was sind Zölibat und Homo-Ehe gegen das ewige Leben? Was gegen Frieden auf Erden? Gegen Ökumene?

Allerdings ist die Kirche alles andere als unschuldig daran, dass sie so leicht Opfer der Kritik von außen wird. Sexualität stellt für viele Kleriker deshalb ein rotes Tuch dar, weil es für sie persönlich eines ist. Eugen Drewermann hat sein umfangreiches Werk »Kleriker« mit reichlich persönlicher Wut geschrieben, zu diesem Thema empfiehlt es sich dennoch. Drewermann legt unter anderem dar, wie der Zölibat gerade jungen Männern die Möglichkeit bietet, ihrer eigenen Sexualität zu entfliehen. Auf Dauer aber gelingt das in den wenigsten Fällen. Was man an sich selbst nicht mag, wird man auch an anderen nicht mögen. Das freilich gilt beileibe nicht nur für Kleriker!

Dabei stellt sich die Haltung der katholischen Kirche gar nicht so eindimensional dar, wie es oft erscheint. Ich erinnere an das, was wir Katholiken am 15. August feiern: die Aufnahme Marias mit Leib und Seele in den Himmel. Explizit also auch mit ihrem weiblichen Leib. Dieses Bild zeigt, dass es auch für die Kirche keine Trennung in einen guten Geist und einen schlechten Leib gibt, wie es einige Denkschulen der Antike und des Mittelalters postulierten. Ich bin überzeugt davon, dass uns Gott so geschaffen hat, wie wir sind. Deshalb sind wir mit unserem Leib wie mit unserem Geist gottgewollt. Jeder in seiner persönlichen Eigenheit. Ich hatte junge Männer im seelsorgerischen Gespräch bei mir, die mich fragten, ob man guten Gewissens schwul und katholisch sein könne. Was sollte ich ihnen antworten?

Im Übrigen meine ich, und hier sehe ich weit mehr noch als etwa beim Zölibat Handlungsbedarf der Kirche, dass Sexualität auch dann Wert für Menschen hat, wenn sie keine Nachkommen hervorbringt, vielleicht nicht einmal darauf ausgerichtet ist. So wie wir zivilisierte Menschen essen und trinken, nicht nur um Hunger oder Durst zu stillen, stellt Sexualität mehr als nur die genetisch günstigste Fortpflanzungsart dar. Sie erlaubt und ermöglicht zwischen Partnern eine Nähe, wie sie nur diese zwei sich gegenseitig, keinem sonst aber zubilligen. Damit ist Sexualität ein ungeheurer, intimer, ungemein kostbarer Liebesbeweis, den es wertzuschätzen gilt.

III. Zum Abend
Die pornografische Gesellschaft

Unsere Gesellschaft verdreht Sexualität allzu oft in das Gegenteil von Nähe und Intimität. Sexualität ist längst öffentlich geworden, Sex der mit Abstand häufigste Inhalt, der im Internet nachgefragt wird – auf inzwischen mehr als 1,3 Millionen Pornoseiten, Chatrooms, Datinglines. Manchmal habe ich den Eindruck, dass auch außerhalb von Bordellen Sexualität von immer mehr Menschen als Konsumgut empfunden wird. Von einem prickelnden Erlebnis zum nächsten. Nicht nur dass Männer nach Thailand fliegen, auch Frauen sind nach Jamaica unterwegs auf der Suche nach Abenteuern. Der französische Autor Michel Houellebecq, der den dahinter stehenden Nihilismus in Literatur fasst, ist Kult. In seinem neuen Buch »Die Möglichkeit einer Insel« schreibt er, dass die konsequente Auslebung der Individualität unweigerlich zum Tod der Liebe führen müsse. Die Eigenliebe werde so groß, dass es unmöglich sei, jemanden mehr zu lieben als sich selbst.

Ich will all diese Erscheinungsformen nicht werten, aber die Frage stellen, wohin eine dermaßen pornografische, durchsexualisierte Gesellschaft führt. Was bewirkt sie in uns? Schafft Pornografie nicht ein immerwährendes unerfüllbares Begehren? Kann jemand, der Sexualität konsumiert, noch echte Intimität finden? Eine Intimität, die nicht ständig den Reiz des Neuen sucht?

Erotik hat nichts mit Oberflächlichkeit zu tun, im Gegenteil, sie bedeutet, einen anderen so nah wie möglich an sich heranzulassen. Eine innere Verbindung zu spüren. Nächste Nähe zu suchen. Der deutsche Begriff, »miteinander schlafen«, hat schon seine Berechtigung: will ich wirklich mit immer neuen Leuten, mit Menschen, die ich kaum kenne, unter einer Decke schlafen? Ich befürchte, Sexualität verliert ihren ungeheuren Wert, wenn man sich diese Frage nicht mehr stellt.

IV. Zum Schlafengehen
Sexualität und Verantwortung

Zu allen Zeiten und in allen Kulturen wurde Sexualität reglementiert. Mono- oder Polygamie, Akzeptanz von Homosexualität, Sexualitätspraktiken, fast alles gab oder gibt es. Wenig erscheint mir deshalb als »natürlich« oder »gottgegeben«. Gleichzeitig haben Kirche und Staat Recht, wenn sie die klassische Familie schützen und fördern, denn einerseits baut darauf unsere europäische Gesellschaft auf, andererseits liegen Kinder auch im Interesse der Kinderlosen. Was aber kein Staat und keine Institution regeln kann, was jedoch jeder für sich selbst beantworten sollte, ist die Frage, wie ich verantwortungsvoll mit dem Trieb, dem Antrieb meiner Sexualität umgehe. Niemandem zu schaden, lautet die so einfach klingende, aber ziemlich kompliziert anmutende Maßgabe. Ich spreche nicht über Dinge, die auch im Strafgesetzbuch geregelt sind, sondern darüber, was erwachsene Menschen freiwillig miteinander tun.

Dabei interessiert mich weniger, was sie miteinander tun, als die Frage, wie sie es tun und wie sie dabei empfinden. Sexualität ist auch ein Ausdruck von Wertschätzung – oder vom Fehlen derselbigen. Beim Liebesspiel ist man nicht nur tatsächlich, sondern insbesondere auch im übertragenen Sinn nackt. Sexualität erfordert deshalb ein hohes Maß an Verantwortung, gerade weil man sich so sehr nah kommt. Nähe aber heißt besondere Verletzbarkeit.

Der Betrug des Partners durch Fremdgehen liegt insofern nicht im reinen Akt, sondern im Gefühl, ein anderer, eine andere ist in diese intime Nähe eingedrungen, die, wie man dachte, nur diesen beiden Partnern gehörte. Selbst aber wurde man aus dieser Nähe verstoßen, nackt vors Haus auf die Straße geschickt, um im Bild zu bleiben. Ich bin deshalb überzeugt davon, dass Treue einen ganz großen Wert darstellt. Absolutes Vertrauen kann, wenn es einmal verletzt wurde, nur sehr schwer wiederhergestellt werden. Gleichzeitig aber gehört meines Erachtens zur Liebe auch, Fehler zu tolerieren. Das ist nicht als Freibrief zu verstehen, aber sich zu entschuldigen und verzeihen zu können, muss auch oder zuallererst in Partnerschaften möglich sein.

ZEHNTER TAG

Streit und Konflikte

I. Zum Morgen
Selig sind die Konfliktscheuen?

Von der Vergeltung
Ihr habt gehört, dass gesagt worden ist: Auge um Auge und Zahn um Zahn. Ich aber sage euch: Leistet dem, der euch etwas Böses antut, keinen Widerstand, sondern wenn dich einer auf die rechte Wange schlägt, dann halte ihm auch die andere hin. Und wenn dich einer vor Gericht bringen will, um dir das Hemd wegzunehmen, dann lass ihm auch den Mantel. Und wenn dich einer zwingen will, eine Meile mit ihm zu gehen, dann geh zwei mit ihm. Wer dich bittet, dem gib, und wer von dir borgen will, den weise nicht ab.

Von der Liebe zu den Feinden
Ihr habt gehört, dass gesagt worden ist: Du sollst deinen Nächsten lieben und deinen Feind hassen. Ich aber sage euch: Liebt eure Feinde und betet für die, die euch verfolgen, damit ihr Söhne eures Vaters im Himmel werdet; denn er lässt seine Sonne aufgehen über Bösen und Guten, und er lässt regnen über Gerechte und Ungerechte. Wenn ihr nämlich nur die liebt, die euch lieben, welchen Lohn könnt ihr dafür erwarten? Tun das nicht auch die Zöllner? Und wenn

ihr nur eure Brüder grüßt, was tut ihr damit Besonderes? Tun das nicht auch die Heiden? Ihr sollt also vollkommen sein, wie es auch euer himmlischer Vater ist.
(Mt 5,38ff.)

II. Zum Mittag
Von vorgeschobenen Konflikten und notwendigem Streit

Die USA und einige weitere Staaten griffen 2003 den Irak an. Der zugrunde liegende Konflikt dafür war die große Gefahr der irakischen Massenvernichtungswaffen für den Frieden in der Welt. Sie stutzen? Die USA und ihre Verbündeten machten das Gegenteil von dem glauben, was wir heute wissen, dass nämlich der Irak weder Massenvernichtungswaffen besaß noch sonst den Frieden der Welt bedrohte. Die Angreifer hatten sicher eine Reihe innen- wie außenpolitischer Gründe für diesen Krieg, nannten sie aber nicht, sondern schoben zur Legitimation das bekannte Bedrohungsszenario vor.

Derartiges Verhalten ist nicht auf die internationale Politik beschränkt, wenngleich dort häufig anzutreffen. Auch in vielen Ehen und Partnerschaften werden Konflikte vorgeschoben: Beim Streit um die offene Zahnpastatube, die nicht aufgeräumten Schuhe, die zu laute Musik geht es selten um den jeweils angekreideten Tatbestand, sondern oft um etwas ganz anderes. Wir sehen also, dass wir es mit zwei Phänomenen zu tun haben: dem Streit und dem Konflikt. Die Trennung dieser beiden Begriffe ist nicht immer ganz einfach, da der Streit offensichtlich, der Konflikt häufig verborgen liegt. Insofern haben meines Erachtens jene Soziologen nicht Recht, die meinen, ein Konflikt bestehe erst, wenn er kommuniziert werde. Auch ein nicht kommunizierter, sogar ein noch vollkommen unbewusster Konflikt muss als ein solcher gelten. Gelöst freilich wird jeder Konflikt ausschließlich durch Kommunikation, doch dazu später.

Der Begriff Konflikt stammt vom lateinischen Verb *confligere*, das soviel wie »aneinander geraten, kämpfen« bedeutet. Die erste Übersetzung trifft meines Erachtens den Sinn besser als die zweite, denn ein Konflikt muss nicht zwangsläufig im Kampf seine Auflösung finden. Generell versteht man unter Konflikt den Widerstreit verschiedener Motive oder Absichten, deren gleichzeitige Verwirklichung sich ausschließt. Der Konflikt ist damit immer die einem Streit zugrunde liegende eigentliche Ursache. Wer sie nicht erkennt, verkennt den Streit und streitet unter Umständen, ohne den Konflikt aufzulösen. Das ist für mich unnötiger und unsinniger Streit, der zu nichts führt. Wenn durch Streit allerdings Konflikte ausgetragen und dadurch aufgelöst werden, kann man ihn als sinnvollen, oft auch notwendigen Streit bezeichnen.

Ohne Zweifel gehören Konflikte zum Menschsein, wir kennen sie deshalb auch in allen Lebensbereichen: in der Partnerschaft und Familie, im Berufsleben zwischen Kollegen, zwischen Arbeitgebern und Arbeitnehmern. Ich finde es etwas sonderbar, dass sich mit zwischenmenschlichen Konflikten die Psychologie, mit überindividuellen hingegen die Soziologie oder gar die Politikwissenschaft befasst. Individuellen wie überindividuellen Konflikten liegen nämlich ähnliche Muster zugrunde, denn auch Konflikte zwischen Nationen, sozialen Gruppen oder Unternehmen wurzeln in der Existenz unterschiedlicher Interessen, Ansprüche, Zielsetzungen. Die einen wollen etwas, die anderen wollen es verhindern. Auch bei überindividuellen Konflikten sollte man deshalb psychologische Momente der Handelnden nicht unterschätzen. An Gerhard Schröders Fernsehauftritt am Wahlabend des 18. September 2005 konnte man ebenso gut wie einige Wochen später am Rückzug Edmund Stoibers aus der Regierungsmannschaft sehen, dass sich im Konflikt wie im Streit selbst auf hoher politischer Ebene oft rationale Gründe und irrationale Aspekte der Handelnden vermengen. Eine Sichtweise, die Konflikte nur auf rational erklärbare Interessensgegensätze beschränkt, greift daher zu kurz.

Eine weitere Unterscheidung von Konflikten erscheint mir wichtig, die Frage nämlich nach ihrer Institutionalisierung. Darunter versteht man die Austragung oder Beilegung eines Konflikts nicht direkt zwischen den Beteiligten, sondern durch Übertragung an eine Institution. Diese Instanz verfährt dann nach Regeln, die von den Konfliktparteien anerkannt sind. Ziel ist es, die emotionale von der sachlichen Komponente des Konflikts zu trennen. Konflikte können stark oder schwach institutionalisiert sein. Die mittelalterliche Form der Fehde zum Beispiel war schwach institutionalisiert. Sie hatte einerseits eine Reihe verbindlicher, von den Konfliktparteien anerkannter Regeln, andererseits trugen die Streitparteien den

Streit selbst und direkt aus, ohne dass die emotionale und die sachliche Komponente des Konflikts getrennt wurden: Freunde der Parteien hatten nicht nur das Recht, sondern sogar die Pflicht beizustehen und erzeugten dadurch nicht selten weiteren Streit.

Die Ehescheidung dagegen ist eine stark institutionalisierte Konfliktaustragung, denn beide Parteien geben hierbei ihre emotional beladenen Streitigkeiten an ein Gericht weiter, dessen Regeln sie akzeptieren. Allerdings sind Scheidungsrichter nicht imstande, die zwischen den beiden Partnern bestehenden persönlichen Konflikte zu lösen. Das müssten die beiden schon in direkter Auseinandersetzung tun – oder hätten es tun müssen.

III. Zum Abend
Um des Friedens willen

Die Lösung eines Konflikts ist fast immer vom Verhalten der Beteiligten abhängig. Als Idealfall wird oft die friedliche Beilegung angesehen, im persönlichen Bereich ist ein solcher Weg freilich häufig nicht zu unterscheiden von Vermeidungsstrategien aus Schuld-, Scham- oder Minderwertigkeitsgefühlen und Furcht vor der offenen Auseinandersetzung. Die Soziologie sagt, dass, wenn Konflikte ihre Ursache in einem Widerspruch haben, häufig der Stärkere versuchen wird, den Widerspruch zugunsten seiner eigenen Sichtweise aufzulösen. Dadurch wird der Konflikt jedoch nicht behoben, denn der Schwächere wird mit der scheinbaren Lösung einem erneuten Konflikt ausgesetzt. Entscheidend für den angemessenen Umgang mit einer Konfliktsituation ist die Frage, ob eine konstruktive Fortsetzung des Kontakts mit dem anderen erwünscht ist oder nicht. Hier kommt der Begriff des »guten Willens« und damit Immanuel Kant ins Spiel. Der Philosoph aus Königsberg geht einen ganz anderen Weg, indem er versucht, nur durch die Vernunft eine allgemeingültige Formel zur Herleitung moralischer Gesetze zu finden, ohne subjektive Werte wie Erfahrung, Ideologien oder Wünsche zu berücksichtigen.

> *Es ist überall nichts in der Welt, ja überhaupt auch außer derselben zu denken möglich, was ohne Einschränkung für gut könnte gehalten werden, als allein ein guter Wille.*

Mit diesen Worten beginnt Kant den ersten Abschnitt seiner »Grundlegung der Metaphysik der Sitten«. Mit der Feststellung, dass allein der gute Wille für absolut gut gehalten werden kann, nicht etwa die (zu erreichende) Glückseligkeit, wie es Aristoteles formuliert hatte, leitet Kant eine Wende in der Moralphilosophie ein.

Wichtig ist, dass man Kants guten Willen losgelöst von allen Erwägungen, Berechnungen, Erfahrungen, Neigungen, Gefühlen sieht. Gut ist nur das absolute, das abstrakte Gute. Kritiker Kants haben immer wieder eingewandt, hier handle es sich um eine weltfremde Gesinnungsethik mit starren moralischen Grundsätzen. Interessant ist, dass man denselben Vorwurf auch Jesus' Worten von der Vergeltung und der Liebe zu den Feinden machen kann. In der

Tat bieten Immanuel Kant und Jesus ein Ideal als Vorbild an, das man nennen könnte: selbstlose Friedensbereitschaft, der Wille, die Beilegung eines Konflikts der Eskalation vorzuziehen. Auch die Bereitschaft, um des Friedens willen zurückzustecken. Ein hoher, gleichwohl faszinierender Anspruch. Nicht der, der den Streit ausficht, ist danach stark, sondern der, der ihn aus Prinzip – nicht aus Not oder Furcht – vermeidet.

IV. Zum Schlafengehen
Grenzen setzen und akzeptieren

Guter Wille ist die eine Voraussetzung, um Konflikte beizulegen. Er allein allerdings genügt nicht, um eine dauerhafte und für beide Seiten zufrieden stellende Lösung zu finden. Dazu bedarf es einer klaren Position bei allen Konfliktparteien. Was sich eher theoretisch anhört, hat gerade bei privaten Konflikten enorme Bedeutung. Wie viele Streitereien unter Partnern scheitern an Sturheit oder Rechthaberei! Genauso andersherum: Wie viele Konflikte werden scheinbar beigelegt, weil immer einer/eine nachgibt? Dieser Partner lädt dazu ein, sich ausnutzen zu lassen. Erst wenn ich weiß, wo meine persönliche Grenze liegt, die das, was ich tolerieren kann, von dem unterscheidet, womit ich mich nicht abfinden könnte – erst dann kann ich mit einer klaren Position und gutem Willen an die Lösung des Konflikts gehen. Dann kann ich bis zu dieser Grenze guten Gewissens nachgeben, gleichzeitig aber klarmachen, wo für mich die Kompromissbereitschaft aufhört. Guter Wille vorausgesetzt bedeutet das dann, für eine Lösung des Konflikts dem anderen soviel zuzugestehen, wie es meine Grenze erlaubt. Der andere muss mit ebenso gutem Willen diese Grenze akzeptieren. Zu beidem gehört erhebliches Einfühlungsvermögen; die Fähigkeit und Bereitschaft also, den anderen zu verstehen.

Denken Sie an einen Konflikt in Ihrem unmittelbaren persönlichen Umfeld: mit dem Partner, mit Kindern oder Eltern, mit einem Nachbarn oder einem Arbeitskollegen. Nehmen Sie einen Konflikt als Beispiel, möglichst einen, der noch schwelt oder Ihnen noch gut in Erinnerung ist. Machen Sie sich an diesem Beispiel klar, wo Ihre Grenze hier liegt. Erst wenn Sie Ihre Grenze kennen, können Sie sich an eine Lösung des Konflikts machen. Wie viel können Sie mit gutem Willen für eine Beilegung des Konflikts beitragen? Was ist für Sie wirklich unverrückbar. Lassen Sie sich nicht von den Emotionen des Konflikts leiten, sondern wägen Sie möglichst rational ab. Gehen Sie, wenn der Konflikt noch andauert und sie ihn beilegen wollen, noch einmal mit ihrer klaren Grenzziehung an ihn heran. Sie macht Sie flexibler und konsequenter zugleich.

ELFTER TAG

Sich entschuldigen und verzeihen

I. Zum Morgen
Ein vermeidbares Drama?

Am Nachmittag des 24. Februar 2004 stand Witalij Kalojew vor einem Haus in einer Eigenheimsiedlung bei Zürich. In der Ferne konnte er den Züricher Flughafen erahnen, wo in einer Julinacht des Jahres 2002 der Fluglotse Peter Nielsen vor den Radargeräten gesessen und die Routen der Flugzeuge überwacht hatte. Per Funk hatte der Lotse seine Anweisungen an die Piloten gegeben – darunter die eine, verhängnisvolle, nach der über dem Bodensee eine Frachtmaschine der DHL und eine Tupolew der Bashkirian Airlines ineinander gerast waren. Unter den 71 Toten waren Kalojews Frau, sein zehn Jahre alter Sohn sowie seine vierjährige Tochter. Seine ganze Familie, alle, die er liebte.

In den Monaten nach dem Unglück hatte Kalojew zu Hause in Ossetien jeden Morgen, jeden Abend vor dem Einschlafen und oft während des Tages die Fotos seiner Frau und seiner Kinder angestarrt: als sie noch lebten und als Leichen in den Särgen. Eineinhalb Jahre lang hatte er auf eine Entschuldigung aus der Schweiz gewartet, mit der er hätte weiterleben können. Bereits zum Jahrestag des Unglücks war er in der Schweiz. Er wollte eine Entschuldigung. Die Vertreter der Schweizer Flugsicherung jedoch fürchteten jedes juristisch verwertbare Eingeständnis und verwiesen auf die laufenden Untersuchungen. Nach der Logik unseres Rechtsverständnisses steckt in einer Entschuldigung ja das Eingeständnis von Schuld. Und Schuld ist in Mitteleuropa in erster Linie ein juristischer Tatbestand. Die Justiz hat hier gerade die Aufgabe, sich zwischen die Menschen zu stellen, sie zu trennen, um die Schuld auszugleichen. Kolajew konnte die Haltung der Schweizer Flugsicherung nicht verstehen. Deshalb kam er in die Schweiz zurück und suchte den Fluglotsen in dessen Haus auf. Auf der Terrasse zog er ein Messer aus dem Mantel und erstach Peter Nielsen. Der Stich ging durch eine Arterie und eine Vene, Nielsen verblutete in wenigen Minuten.

Der Lotse starb nicht zuletzt wegen der Kluft zwischen zwei Kulturen: auf der einen Seite die ossetische Kultur, die Schuld zu einer persönlichen Sache zwischen zwei Menschen macht. Zwei Menschen, zwischen denen nichts und niemand stehen darf, wenn es darum geht, Sühne zu tun. In Ossetien muss ein Mann, der Schuld auf sich geladen hat, zum Haus des anderen gehen und dort um Verzeihung flehen. Wenn seine Schuld schwer ist, dann rutscht er die letzten fünfhundert Meter auf den Knien.

II. Zum Mittag
Schuld und Sühne?

Das Thema dieses Tages könnte wie Dostojewskijs großer Roman »Schuld und Sühne« lauten. Dem neuen Testament folgend gefällt mir »sich entschuldigen und verzeihen« besser. Dennoch: Jede Kultur hat ihre eigenen Formen für den Umgang, das Weiterleben mit Schuld entwickelt – und zwar notwendigerweise, denn Schuld gehört zum Menschen. Jeder macht Fehler, manchmal schwere, und wenn andere Menschen davon betroffen sind, bezeichnen wir das als Schuld. Menschen haben in ihrer Geschichte überall auf der Welt gemerkt, dass es auf Dauer nicht funktioniert, Schuld stets nur nachzutragen, aufzurechnen, manchmal auch miteinander zu verrechnen oder, wenn die Hypothek eine gewisse Höhe erreicht hat, sie zu vergelten. Diese Form der Auseinandersetzung haben Menschen und Völker zu allen Zeiten auch gepflegt. Daneben aber hat irgendwann die Entwicklung der Ent-Schuldigung begonnen – die deutsche Sprache drückt hier sehr exakt aus, was damit gemeint ist.

Ich erinnere mich noch gut an Fernsehbilder von asiatischen Managern, die als Zeichen ihrer Entschuldigung für verhängnisvolle Fehlentscheidungen in ihren Unternehmen auf einer Pressekonferenz heftig zu weinen begannen. Uns in Europa befremdet ein solches Verhalten. Und nicht nur das: Schuld einzugestehen und um Verzeihung zu bitten, ist bei uns gerade im öffentlichen Raum sehr unüblich. Ich erinnere mich an keinen deutschen Spitzenpolitiker, der sich in den letzten Jahren für einen Fehler öffentlich entschuldigt hätte. Im Gegenteil: Verantwortliche sprechen zwar häufig davon, dass sie die Verantwortung für Fehler übernehmen und fügen oft hinzu, die Verantwortung für das Handeln von Mitarbeitern zu übernehmen, doch dahinter steckt tatsächlich ein Mechanismus, um die eigentliche Schuld abzuschieben, von der man schon aus juristischen Gründen nicht spricht.

»Als Chef darf man sich niemals bei seinen Mitarbeitern entschuldigen«, höre ich immer wieder von Vorgesetzten, wenn ich in Unternehmen komme. Diese Auffassung halte ich für völlig falsch. Nicht der ist stark, der andere beschuldigt, sondern der, der aus eigener selbstbewusster wie selbstkritischer Stärke heraus anderen gegenüber, dem Partner, dem Mitarbeiter, dem Untergebenen wie dem Vorgesetzten, Fehler eingesteht und sich entschuldigt. Stattdessen lässt sich gerade in langfristigen zwischenmenschlichen Beziehungen etwa zwischen Nachbarn, Kollegen, Familienmitgliedern, Lebenspartnern, Freunden häufig ein anderes Muster feststellen. Hier tragen, wenn etwas schief läuft, in der Tat meistens alle Beteiligten Schuld. Eine Beziehungskrise etwa ist immer eine Krise beider miteinander, nie hat nur einer Schuld. Das hat zur Folge, dass man, sobald es um die eigene Schuld geht, häufig auf die des anderen verweisen und die eigene Schuld relativieren, kleiner machen oder versuchen kann, sie komplett hinter der des anderen zu verstecken – eine Strategie endlosen Schuldzuweisens.

Manchmal führt dieser Mechanismus sogar dazu, dass auf die Schuld des anderen, die man der eigenen wie einen Spiegel vorhält, Rechtspositionen aufgebaut werden, die man über Anwälte und Gerichte ausficht. Gerade unter Nachbarn, die ja auch so etwas wie Lebenspartner sind, nur nicht auf ganz freiwilliger Basis, scheint dieses Verhalten stark zuzunehmen. Mich geht jedoch nur meine eigene Schuld an, denn nur mein Verhalten liegt in meinem

Einflussbereich. Nur dafür bin ich verantwortlich! Die Schuld des anderen, wie er damit umgeht, ist dessen Angelegenheit.

III. Zum Abend
Vom Mechanismus einer Entschuldigung

Und vergib uns unsere Schuld, wie auch wir vergeben unseren Schuldigern.

Dieses großartige Wort aus dem Vaterunser verbindet die beiden Seiten einer Entschuldigung. Das eine erfordert das andere. Doch so leichthin wir das beten, so schwer fällt uns beides: das Entschuldigen genauso wie das Verzeihen. Warum? Wieso quälen wir uns manchmal so hartnäckig damit, vor jemanden hinzutreten und unsere Schuld einzuräumen? Wir brauchen uns ja nicht auf Knien dem zu nähern, dem wir etwas angetan haben. Ich vermute, es liegt daran, dass wir Schuld als eine Art Hypothek sehen. Entweder ich befinde mich auf der Seite des Kreditnehmers oder auf der der Bank. Entweder sehe ich in ihr eine Verbindlichkeit oder eine Forderung.

Dabei brauche ich, wenn ich mich jemandem gegenüber falsch verhalten habe, nichts anderes zu tun, als mich zu entschuldigen. Und auf der anderen Seite: Als der, dem Schuld angetan wurde, darf ich über eine Entschuldigung hinaus nichts fordern, es sei denn die Wiedergutmachung eines materiellen Schadens. Und vergib uns unsere Schuld, wie auch wir vergeben unseren Schuldigern. Ich würde mir wünschen, dass mehr Menschen verstünden, dass man nicht belasteter, sondern freier lebt, wenn man Schuld einräumt. Und dass man keineswegs glücklicher ist, wenn ein anderer in unserer Schuld steht. Schuld ist kein emotionaler Titel zwischen zwei Menschen, einem juristischen Anspruch entsprechend, wenngleich sie oft genug als solche gesehen und benutzt wird. Der Satz aus dem Vaterunser zeigt uns den Weg auf; er enthält die Elemente einer Entschuldigung: Gewissenserforschung, Einsicht und Reue, Bekenntnis und Wiedergutmachung, Verzeihung.

Erstens
Ich habe Schuld, moderner gesprochen: Ich habe einen Fehler gemacht, der mir Leid tut, den ich gern rückgängig machen würde, was aber nicht möglich ist. Mir ist der Fehler ebenso wie die Schuld daran voll bewusst. Ich gestehe meine Schuld mir gegenüber ein, ich bereue ihn.

Zweitens
Ich gebe meine Schuld, meinen Fehler zu. Ich äußere ihn, spreche ihn aus gegenüber dem, gegen den ich den Fehler begangen habe. Was ich sage, meine ich ernst, ich trete dem anderen offenherzig und ohne Hintergedanken gegenüber. Was mich treibt, ist einzig die Einsicht in meine Schuld. Wenn ich etwas wiedergutmachen kann, bemühe ich mich darum.

Drittens
Ich darf darauf rechnen, dass meine Schuld verziehen wird. Wenn auch nicht der andere, Gott verzeiht mir. Ge-

nauso bin auch ich gehalten zu verzeihen, wenn man mich um Entschuldigung bittet.

III. Zum Schlafengehen
Die Beichte

Vertrauen auf Vergebung durch Gott stellt ein sehr wichtiges Element des christlichen Glaubens dar, so schwer dieses Vertrauen manchmal fällt. Martin Luther erlebte zum Thema Vergebung fürchterliche Anfechtungen, Zweifel, in denen die Kirche ihm keine Hilfe zu geben vermochte. Der Augustinermönch Luther hatte panische Angst vor dem richtenden Gott, eine Angst, die den Eintritt in den Orden wohl mitbegründete, die sich aber im Kloster offenbar noch verschärfte. Je aufrichtiger Luther sein Gewissen prüfte, desto ungewisser wurde ihm sein Seelenheil. Da die Reue als Voraussetzung für die Vergebung gilt, zweifelte er daran, dass er sich echter, aufrichtiger Liebesreue, nicht nur der so genannten Galgenreue sicher sein konnte. Setzte sich nicht doch immer sein (eigennütziger) Wunsch nach dem Seelenheil vor die reine Liebe zu Gott? Und stand am Ende nicht doch Gottes schreckliches Gericht, Hölle, Verderben? Luther scheinen diese Anfechtungen fürchterlich gequält zu haben:

> *Wenn ich doch auch als Mönch untadelig lebte, fühlte ich mich vor Gott doch als Sünder, und mein Gewissen quälte mich sehr. Ich wagte nicht zu hoffen, dass ich Gott durch meine Genugtuung versöhnen könnte.*

Und wenn ich mich auch nicht in Lästerung gegen Gott empörte, so murrte ich doch heimlich gewaltig gegen ihn: als ob es noch nicht genug wäre, dass die elenden und durch die Erbsünde auf ewig verlorenen Sünder durch das Gesetz des Dekalogs mit jeder Art von Unglück beladen sind – musste denn Gott auch noch durch das Evangelium Jammer auf Jammer häufen und uns auch durch das Evangelium seine Gerechtigkeit und seinen Zorn androhen? So raste ich wilden und wirren Gewissens, dennoch klopfte ich beharrlich an eben dieser Stelle bei Paulus an, mit glühendheißem Durst zu erfahren, was Sankt Paulus wolle.

Da erbarmte sich Gott meiner. Tag und Nacht war ich in tiefe Gedanken versunken, bis ich endlich den Zusammenhang der Worte beachtete: »Die Gerechtigkeit Gottes wird in ihm [dem Evangelium] offenbart, wie geschrieben steht: Der Gerechte lebt aus dem Glauben.« Da fing ich an, die Gerechtigkeit Gottes als eine solche zu verstehen, durch welche der Gerechte als durch Gottes Gabe lebt, nämlich aus dem Glauben. Ich fing an zu begreifen, dass dies der Sinn sei: Durch das Evangelium wird die Gerechtigkeit Gottes offenbart, nämlich die passive, durch welche uns der barmherzige Gott durch den Glauben rechtfertigt, wie geschrieben steht: Der Gerechte lebt aus dem Glauben. Da fühlte ich mich wie ganz und gar neu geboren, und durch offene Tore trat ich in das Paradies selbst ein.

(Martin Luther)

Für Martin Luther bestand die Er-Lösung darin, dass er der aktiven, strafenden Gerechtigkeit Gottes die passive gegenüberstellte, die im rechten Leben des Menschen aus dem Glauben besteht. Luther wollte sich der Vergebung sicher sein. Dieses Sicherheitsbedürfnis steigerte Calvin noch in seiner Prädestinationslehre, wonach vorherbestimmt sei, ob man zu den Gerechten oder den Verdammten zähle. Unter anderem in erfolgreichem Wirtschaften zeige sich die Vorherbestimmung schon zu Lebzeiten.

Ich finde, es führt zu nichts, die Vergebung von Schuld als eine Art Versicherung zu sehen, ebenso wenig wie Schuld eine Hypothek darstellt. Vielmehr dürfen wir als Schuldige auf Vergebung vertrauen, wenn wir uns unsere Schuld klar machen und bereuen. Darin besteht der Sinn der Beichte, die auch Luther sehr wichtig war. Er beichtete regelmäßig, in schwierigen Zeiten sogar täglich. Gleichzeitig wandte er sich gegen jede persönliche Leistung zur Sündenvergebung, insbesondere gegen den bezahlten Ablass. Darunter verstand man im 16. Jahrhundert und darüber hinaus einen finanziellen Obolus, um sich von den Sündenstrafen freizukaufen, nicht von den Sünden wohlgemerkt! Der Ablass führte zu schlimmer Geldmacherei und einer Entwertung des eigentlichen Beicht- und Bußvorgangs, diesem Akt des Sich-Entschuldigens und Verzeihens.

Seine Wirkung ist meiner Ansicht nach nicht nur auf die Beziehung zwischen dem Menschen und Gott gerichtet; ich halte ihn für elementar auch im Zusammenleben von Menschen. Gleichzeitig höre ich immer wieder, dass so viele Menschen Probleme mit der Beichte haben, sei es, weil man sich schämt, Schuld eingestehen zu müssen, weil man fürchtet, ausgeforscht zu werden, weil man dem Beichtvater das Verständnis für die eigenen Themen nicht zutraut, weil man sein Leben nicht mit Schuldgefühlen belasten möchte oder weil man das Ganze besser selbst mit sich ausmachen kann. Allen Einwänden könnte man detailliert begegnen. Ich möchte aber eine Gegenfrage stellen: Wieso gehen heute so viele Menschen zu Psychologen?

Heute spricht man in der Kirche vom Sakrament der Versöhnung. Gott will sich mit dem Sünder versöhnen. Dadurch wird das gebrochene Verhältnis des fehlenden Menschen mit sich selbst und seinen Mitmenschen geheilt. Dies kommt sehr schön in der Lossprechungsformel zum Ausdruck:

> *Gott, der barmherzige Vater, hat durch den Tod und die Auferstehung seines Sohnes die Welt mit sich versöhnt und den Heiligen Geist gesandt zur Vergebung der Sünden. Durch den Dienst der Kirche schenke er dir Verzeihung und Frieden. So spreche ich dich los von deinen Sünden im Namen des Vaters und des Sohnes und des Heiligen Geistes.*

Beichten heißt Verantwortung für das eigene Handeln übernehmen, für die eigenen Fehler ohne Ansicht der Fehler des anderen. Beichten heißt aber auch, Vergebung, Verzeihung zu erfahren. Auch daraus erwächst Verantwortung, die nämlich, anderen verzeihen zu können. Der durch die Theologie der Buße gemeinte seelische Vorgang der Versöhnung kommt uns abhanden, wenn wir Schuld nur noch als juristischen Titel und höchstens noch beim Psychologen als persönliches Problem begreifen.

ZWÖLFTER TAG

Gesundheit und Krankheit

I. Zum Morgen
Die gesunden Kranken

Unerklärliche Beschwerden sind in vielen Arztpraxen heute der Normalfall. Diffuse Ängste und Symptome treiben Patienten und Ärzte zur Verzweiflung. Zwanzig bis fünfzig Prozent aller Patienten, die zum Arzt gehen, sind organisch nicht krank, schätzen Experten. Manche deuten jedes körperliche Symptom als Vorbote einer tödlichen Erkrankung, nehmen gegen jeden Schnupfen Antibiotika, beäugen Muttermale und lassen sich beinahe schon im Wochenrhythmus von einem Arzt begutachten. Hinter jedem Darmzwicken lauert für manche der vernichtende Krebs, hinter jedem Herzklopfen der nahe Herztod. Viele Menschen können die Signale ihres Körpers nicht mehr adäquat bewerten. Je drängender die Angst, desto häufiger gehen sie zum Arzt. Und je unbefriedigender – aus Sicht der Patienten – die Diagnose des Arztes, desto größer die Angst.

Ich glaube, jeder kennt solche hypochondrischen Anflüge – etwa wenn das Herz beim Laufen sticht oder ein Lymphknoten angeschwollen ist. Meistens flackert die Angst nur kurz auf, man beschließt, für den Fall, dass es in drei Tagen noch nicht besser ist, zum Arzt zu gehen. Meistens ist das Symptom bis dahin verschwunden. Der echte Hypochonder hingegen ängstigt sich ohne Unterlass. Er meidet Sport, weil dieser ja die angenommene Krankheit verschlimmern könnte. Gleichzeitig fühlt er sich in seinen schlimmsten Annahmen bestätigt, wenn er völlig untrainiert beim Treppensteigen außer Atem kommt.

Pharmafirmen und Medien schüren die Angst vor der Krankheit wie nie zuvor. Das bringt die Ärzte in Zugzwang. Diese trauen oft ihren Befunden nicht mehr und halten den Patienten mit immer neuen Untersuchungen in der Schwebe. Ich habe den Eindruck, dass unsere so sicherheitsbewusste, nach Perfektion strebende Gesellschaft das Bewusstsein dafür verliert, dass auch ein gesunder Körper Missempfindungen produzieren kann: ein Zwicken im Darm, einen Druck in der Brust, Kopfschmerz oder Übelkeit. Entscheidend aber ist, wie die Signale aus dem eigenen Körper bewertet werden. Was früher einfach hingenommen wurde, wird heute schnell zu einer Krankheit stilisiert. Über die Gründe für diese Entwicklung kann man nur spekulieren: Liegt es daran, dass wir heute weniger konkreten Bedrohungen ausgesetzt sind – und uns eher vor schwer fassbaren Risiken wie Elektrosmog, Radioaktivität, Lebensmittelkeimen fürchten? Viele Menschen scheinen heute ein perfektes Wohlbefinden als Normalzustand anzusehen – und suchen bei der geringsten Störung des Idealzustands medizinischen Rat.

II. Zum Mittag
Gerne krank?

Ich erinnere mich an einen Mitbruder, der war nicht gesund, wenn er nicht krank war. Wir sagten immer, er kenne jedes Krankenhaus in Bayern. Offenbar hält Krankheit – ungeachtet der Tatsache, dass man sie sich eigentlich nicht wünschen kann – für manchen Kranken durchaus positive Funktionen bereit: Man wird umsorgt, milder behandelt. Jemand kümmert sich um einen. Krankheit strukturiert den Alltag, schafft Sinn – etwa in Form von Arztbesuchen. Krankheit entschuldigt auch eigene Unzulänglichkeiten und ermöglicht Ausflüchte. Mit Krankheit kann man sexuelle Probleme verbergen. Krankheit kann in vielen Situationen, denen man sich vielleicht nicht gewachsen fühlt, Auseinandersetzung und Argumentation ersetzen. Manch Leider-Kranke wird zum Gerne-Kranken, viele unbewusst, manche auch bewusst.

Es klingt hart, aber Krankheit kann nicht nur unbewusst, sondern auch ganz perfide missbraucht werden, um andere zu steuern, an sich zu binden, emotional zu erpressen. Ich kenne einen solchen Fall, und ich weiß, wie schwierig es ist, diesen Kranken Grenzen zu setzen. Sie zu lieben, ohne ihr Spiel mitzuspielen. Fürsorglich zu bleiben, ohne sich instrumentalisieren zu lassen. Noch schwerer allerdings ist die Genesung dieser Gerne-Kranken. Für ihre eigentliche Krankheit nämlich gibt es keine Ärzte und keine Kliniken. Sie haben einen großen, den entscheidenden Schritt getan, wenn sie das verstehen und akzeptieren.

III. Zum Abend
Die seelisch Kranken

Der Zusammenhang zwischen Psyche und Körper, der Ausdruck psychischer Sorgen in Gestalt körperlicher Erkrankung hat mich stets fasziniert, und inzwischen erforscht auch die Schulmedizin mehr und mehr die Zusammenhänge. Ich bin überzeugt davon, dass ein in sich ruhender, zufriedener Mensch seltener an Krebs oder Infektionen erkrankt als einer, der unglücklich ist, mit sich hadert, unter Stress steht. Ich bin mir ebenso sicher, dass schlimme Allergien, Neurodermitis oder Tinnitus, ein Aufschrei der Seele sein können. Dass somit in erster Linie sie geheilt werden muss, nicht das körperliche Symptom.

Es gibt sogar den Ansatz, jedes körperliche Leiden auf eine seelische Ursache zurückzuführen. Man kann in erfolgreichen Büchern unter einzelnen Symptomen nachschlagen und findet dann etwa zum Asthmatiker die Erklärung, dass dieser sich nach Liebe sehne, weshalb er so viel einatme. Der aber keine Liebe geben könne, was sich in der behinderten Ausatmung zeige (Dethlefsen und Dahlke: Krankheit als Weg).

Diese fast ideologische Sichtweise geht mir zu weit und kann gefährliche Konsequenzen haben. Ich kenne einen jungen Mann, der sich mit HIV infizierte und sich, diesem esoterischen Ansatz folgend, daranmachte, sein Leben zu analysieren, seine persönlichen Schwachpunkte, die ihn, so sah er das, geöffnet hätten für die Infektion mit dem Virus. Er müsse innerlich gesunden, sagte er und begann zu beten, anstatt sofort, wie es die Medizin rät, die heute recht erfolgreiche Wirkstoffkombination gegen das Virus zu nehmen.

Ebenso skeptisch bin ich gegenüber medizinisch wirkungslosen Behandlungen beispielsweise mit Steinen, Bachblüten, Handauflegen, auch der Homöopathie – zumindest wenn es um schwere Krankheiten geht. Dagegen hilft nur die Medizin. Ansonsten, gerade auch bei vielen psychosomatischen Zwischenformen, kann man auch als rationaler, esoterischen Dingen gegenüber skeptisch eingestellter Mensch guten Gewissens der Auffassung sein: Wenn es hilft, ist es gut.

Dennoch berichten die Medien immer wieder über spektakuläre Heilungen. Zuletzt habe ich davon gelesen, dass der Papst durch Handauflegen einen neunjährigen krebskranken Jungen geheilt haben soll. Bei diesen Effekten, die oft umstritten sind, handelt es sich um Wunder. Ich möchte hierfür ganz bewusst diesen Begriff verwenden, um klar zu machen, dass das katholische Wunder, das von Nichtkatholiken selten richtig verstanden wird, keine Geisterheilerei darstellt, sondern eine Heilung durch den Geist.

Ob ich Globuli nehme oder meine Haut mit Weihwasser benetze oder nach Lourdes pilgere oder mir Steine auf die Stirn lege: Die Wirkung liegt nicht – anders als beim Medikament – in dem, was ich benutze, sondern allein in meinem Hoffen, Glauben, Willen, gesund zu werden. Es ist die Selbstheilungskraft, die alle diese Mittel – der Heiligenglaube genauso wie die Kunst der Schamanen – entfachen und fördern. Diese Mechanik von Wundern erkennen inzwischen auch Ärzte an, etwa indem sie in zweifelhaften, offensichtlich psychosomatischen Fällen Tabletten verschreiben, die zwar wenig bewirken, aber auch nicht schaden. Der Placebo-Effekt mag auch das Geheimnis der Homöopathie sein: Verdünnung bis zur Wirkungslosigkeit, aber maximaler Glaube an die Wirksamkeit.

Ein befreundeter Arzt erzählte mir, wie er mit Patienten umgeht, die mit rätselhaften Magen-Darm-Beschwerden kommen, bei denen die Darmspiegelung aber keinen Befund erbringt: Völlig falsch sei es zu sagen »Sie haben nichts.« Besser sei der Hinweis, die Patienten hätten einen Reizdarm. Dieser könne durch verschiedene Faktoren entstehen, durch Nahrungsmittel oder durch innere Anspannung und Stress. Was der Reizdarm beim Gastroenterologen ist, ist beim Urologen die Reizblase, beim Gynäkologen der chronische Unterbauchschmerz, beim Rheumatologen die Fibromyalgie und beim Neurologen der Spannungskopfschmerz. Der Arzt solle, sagte mein Bekannter, beim Befund psychosomatischer Symptome weiter fragen, ob der Patient bei sich beobachtet habe, was die Beschwerden auslöse oder verstärken könne. Das lenke ihn auf die richtige Spur: auf sich selbst nämlich.

IV. Zum Schlafengehen
Nicht nur das Schöne ist gut

Der Dokumentarfilm »Am seidenen Faden« schildert das Schicksal des 33jährigen Cellisten Boris Baberkoff, der 1998 während einer Reise nach New York einen Schlaganfall erlitt. Er stand damals kurz vor einer wichtigen Vertragsunterzeichnung, alles deutete auf eine äußerst erfolgreiche Karriere hin. Nach einem fröhlichen Abend mit Freunden brach Boris zusammen. Die Diagnose lautete: Stammhirninfarkt. Reglos lag er da, bei vollem Bewusstsein in seinem Großhirn eingeschlossen. Die Prognosen der Ärzte waren niederschmetternd. Seine Freundin, eine Regisseurin, griff intuitiv zur Kamera und begann die Ereignisse festzuhalten. Als das Paar nach Berlin zurückkehrte, begann für den Musiker der lange Weg der Rekonvaleszenz und der mühsamen Schritte zurück in ein normales Leben. Und es begann die Auseinandersetzung mit dem Tod und mit einem Leben in Behinderung. Die Partnerschaft wurde auf eine schwere Probe gestellt. Ich war beeindruckt davon, wie ehrlich der junge Mann seine Empfindungen und Gedanken offenbarte. Vor allem aber packte mich seine Begeisterung, als er wieder auf eigenen Beinen stehen, einige Schritte tun konnte. Als er wieder einige, wenn auch schiefe Töne auf seinem Cello hervorbrachte. Dahinter steht ein unbezwingbarer Optimismus, mit dem er seine Krankheit, seine Behinderung als einen Teil seines Lebens anerkannte.

Diesem Prozess geht in vielen Fällen ein heftiges Ringen voraus. Das Schwere einer schweren Krankheit liegt ja darin, dass Krebs, Multiple Sklerose, Parkinson, Aids akzeptiert, angenommen werden müssen. Es gibt keine andere Wahl. Die Krankheit ist damit eine Lebensaufgabe, vielleicht die schwerste überhaupt. Man kann an ihr scheitern, man kann sie aber auch meistern, trotz und mit der Krankheit heiter weiterleben. Vielen gläubigen Menschen hilft Gott dabei, um auch diesem Lebensabschnitt Sinn zu geben. Oft finden schwer Kranke zu Gott zurück. Manche verzweifeln aber gerade in diesen Situationen an Gott. Warum gerade ich, fragen sie sich und wollen nicht wahrhaben, dass Gott nicht allmächtig, sondern ohnmächtig ist, wenn man in ihm einen Wunderheiler sieht, der beim einen helfend eingreift, beim anderen nicht. Wenn dem so wäre, dürfte es konsequenterweise keine Krankheit auf der Welt mehr geben. Oder Gott wäre Willkür.

Doch die Krankheit, die Behinderung ist Teil unser Welt und Zeichen dafür, dass nicht alles heil und schön ist. Dass nicht nur das Schöne, Edle, Gesunde gut ist. Davon kann sich der Kranke nichts abschneiden, mag man denken. Doch! Auch er muss wissen, dass er mit seiner Krankheit, mit seiner Behinderung gottgewollt ist. Das ist tatsächlich die Allmacht Gottes: die allmächtige Präsenz, die sich bereits im alttestamtlichen Namen ausdrückt: Jahwe – der Ich-bin-da! Gott ist nicht der Erlöser von irdischen Schwierigkeiten. Er ist der Tröster.

DREIZEHNTER TAG

Tod im Leben

I. Zum Morgen
Der Tod als Übel

Der französische Dichter Jean de la Fontaine beschreibt in seiner Fabel »Der Tod und der Holzhauer« einen alten, schwer leidenden Mann, der den Tod herbeigerufen hat, dann aber, als der Tod vor ihm steht und sich ihm anbietet, doch nicht sterben will. »Eher leiden als sterben, das ist die Losung des Menschen.«

Auch wenn es immer wieder Phasen von Todessehnsucht in der Kulturgeschichte gab, wenn mir manche Menschen, einige davon durchaus glaubwürdig, versichern, sie fürchteten den Tod nicht, auch wenn es Bestrebungen für humanes Sterben gibt, heftige Diskussionen darüber, wer wann auf wessen Veranlassung und in wessen Verantwortung welche Maschinen, die einen Todkranken versorgen, abschalten dürfe: Von wenigen Ausnahmen abgesehen empfinden wir den Tod als Übel, und zwar als ein so großes, dass wir in der Regel auch Leiden und Krankheit dem Tod vorziehen. Der Tod scheint das Schlimmste zu sein, was dem Menschen überhaupt passieren kann. Deshalb tun wir alles, um ihn hinauszuschieben aus unserem Leben, unserem Bewusstsein. Wieso aber ist unsere Todesvorstellung so sehr von Furcht geprägt? Die Philosophiegeschichte hat verschiedene Sichtweisen auf das Phänomen Tod entwickelt, deren grundsätzliche Möglichkeiten bereits Cicero so nüchtern wie scharfsinnig herausgestellt hat:

> *Einige meinen, der Tod sei die Trennung der Seele vom Körper. Für andere gibt es keine solche Trennung, sondern Seele und Leib gehen gemeinsam zugrunde, und die Seele verlischt im Leib. Von jenen, die eine Trennung der Seele annehmen, lassen die einen sie sich sofort auflösen; andere lassen sie lange weiter existieren, andere immer.*
>
> *(Cicero, Gespräche in Tusculum)*

Cicero unterscheidet hier die idealistische von einer materialistischen Definition des Todes. Die klassische idealistische Definition, wonach sich im Tod die Seele vom Körper trennt, wurde erstmals in der Philosophie von Platon vertreten, findet sich aber auch in vielen religiösen oder mythischen Vorstellungen, etwa bei Homer in der Beschreibung des Hades, in den ewigen Jagdgründen der Ureinwohner Nordamerikas, in der hinduistischen Wiedergeburt, natürlich auch in der gängigen christlichen Vorstellung vom ewigen Leben im Himmel.

Nach der materialistischen Definition gehen Seele und Leib im Tod gemeinsam zugrunde, die Seele verlischt im Leib. Allerdings gibt es auch nach einer rein materialistischen, physikalischen Sichtweise keine Auslöschung. Geburt und Tod sind demnach eine Neuvermischung der Stoffe. Nach dem Energieerhaltungssatz sollte das Sein auch im Moment des Todes nicht verschwinden. Die Materie verwandelt sich nur. An einer solchen unpersönlichen Unsterblichkeit dürfte jedoch niemand ein Interesse haben. Christian Morgenstern schrieb: »Ich möchte nicht leben, wenn *Ich* nicht lebe.«

Es gibt eine ganze Reihe biologischer, psychologischer und philosophischer Definitionen, worin sich der Mensch vom Tier unterscheidet. Eine finde ich besonders eindrucksvoll: Der Mensch ist das einzige Lebewesen, das eine Vorstellung vom eigenen Tod hat. Genauso wie er sein ganzes Sein reflektiert, denkt er auch über seinen Tod nach. Das bedeutet hingegen noch nicht, dass wir den Tod zwangsläufig als Übel sehen müssen. Ich persönlich glaube, dass Todesfurcht mit drei Dingen zu tun hat:

- Wir fürchten uns vor dem Ungewissen.
- Wir fürchten uns vor dem Endgültigen.
- Wir neigen heute der materialistischen Sichtweise zu und tun uns schwer mit Jenseitsvorstellungen.

Furcht vor dem Ungewissen hat mit Neuanfang und Loslassenkönnen zu tun. Hesses Ruf »Wohlan denn, Herz, nimm Abschied und gesunde!«, gilt auch und ausdrücklich für den Tod: »Es wird vielleicht auch noch die Todesstunde/Uns neuen Räumen jung entgegen senden./Des Lebens Ruf an uns wird niemals enden ...« Der Tod ist, ob es uns passt oder nicht, ein weiterer Raum unseres Lebens, den wir dem Dichter folgend heiter durchschreiten sollen. Keine einfache Aufgabe, allerdings eine unabwendbare. Diese Unabwendbarkeit, Endgültigkeit lässt den Tod für uns so dramatisch erscheinen und uns oft so sehr gegen ihn sträuben – sowohl was den eigenen Tod, als auch was Trauer über den Tod nahe stehender Menschen anbelangt. Hier gleicht der Tod jedem anderen schweren Verlust, mit dem wir zu kämpfen haben, bevor wir ihn annehmen können.

Ich glaube aber, dass unser Problem mit dem Tod vor allem damit zu tun hat, dass wir uns heute mit Jenseitsvorstellungen schwer tun. Dass wir sie zwar einerseits benötigen, der tradierten religiösen Vorstellung hingegen misstrauen. Nur so erklärt sich die steigende Popularität von Wiedergeburts- oder Seelenwanderungsglauben in Europa. Die materialistische Definition bringt uns nichts, der herkömmlichen (christlichen) Todesvorstellung trauen wir nicht mehr. Ich kenne den Einwand religionskritischer Menschen an dieser Stelle. Der Glaube, sagen sie, sei nur Vertröstung der Schwachen in schwierigen Momenten. Nur weil wir uns vor dem Tod fürchteten, hätten wir die Religion erfunden. Natürlich beweist ein menschliches Grundbedürfnis nach einer Vorstellung vom Jenseits nicht dessen Existenz. Für mich ist jedoch unbestritten, dass der Glaube in den schwersten Momenten des Lebens hilft, zu denen der eigene, aber auch der Tod von nächsten Menschen zweifellos gehört.

Auf der anderen Seite kann niemand unter Berufung auf irgendeine wissenschaftliche Vernunft das Jenseits leugnen. Der Zweifel, dem sich der Gläubige aussetzen muss, gilt auch andersherum. Auch der ausschließlich materialistisch Denkende muss die alternative Möglichkeit zulassen, dass alles doch ganz anders sein könnte. Wer wissenschaftlich denken will, muss akzeptieren, dass der menschliche Geist nie imstande ist, etwas endgültig zu verifizieren. Er kann nur etwas widerlegen. Die Existenz einer Seele freilich, die den sterbenden Körper verlässt und in ein Jenseits übergeht, ist noch nie widerlegt worden.

II. Zum Mittag
Der versteckte Tod

Albert Camus beginnt seine Erzählung »Der Fremde« mit verstörenden Worten:

> *Heute ist Mama gestorben. Oder vielleicht gestern. Ich weiß es nicht. Ich habe ein Telegramm des Altenheims erhalten: »Mutter verschieden. Beerdigung morgen. Unser Beileid.« Das hat nichts zu sagen. Vielleicht war es gestern.*

Der Fremde, der hier so unbeteiligt und unberührt vom Tod seiner Mutter berichtet, ist eine Chiffre für passive Gleichgültigkeit. Der Tod seiner Mutter lässt den Protagonisten des Romans völlig kalt. Dennoch, und das hat mich bei der Lektüre dieses Buches immer wieder gewundert, setzt er sich sofort in den Bus und fährt ins Altenheim. Es gibt selbst für diesen Mann, der Gefühlen so fremd gegenübersteht, keinen Zweifel daran, dass er Abschied nehmen muss von der Toten. Eine Nacht lang wacht er mit einigen anderen Alten des Heims am Totenbett seiner Mutter, freilich auch dort äußerlich und innerlich unbeteiligt.

An den Tagen nach dem Tod von Papst Johannes Paul II. konnte man das enorme Bedürfnis der Menschen beobachten, von dem Toten Abschied zu nehmen. Es war selbstverständlich, dass die Kirche seinen Leichnam offen aufbahrte. Früher war es üblich, dass Tote in der Familie oder zumindest in der Aussegnungshalle aufgebahrt wurden. Nachbarn, Bekannte, Kollegen kamen und trauerten am geöffneten Sarg. Das Aufbahren hat nämlich eine ganz wichtige Funktion. Es schafft die Möglichkeit, den Tod des Mitmenschen wahrzuhaben, zu weinen, Abschied zu nehmen.

Wir berauben uns heute zusehends dieses Abschieds. Wir packen Tote so schnell wie möglich weg. Wir kaufen die Dienstleistungen der Bestatter – alles inklusive. Särge bleiben meistens geschlossen. Viele wählen heute die Urnenbeisetzung. Eine Urne stellt aber viel weniger als der Sarg die tote Person dar. Urnen entpersönlichen. Der Hamburger Sozial- und Kulturhistoriker Norbert Fischer, der sich seit zwanzig Jahren mit der Bestattungskultur in Deutschland beschäftigt, stellt einen Umbruch fest. Beisetzungen würden anonymer, die Trauerkultur löse sich mehr und mehr auf. Das Krematorium sei zum architektonischen Symbol des modernen, technisierten Umgangs mit dem Tod geworden. Mir ist vor kurzem das neue Krematorium in Berlin-Treptow aufgefallen: Seine extravagante Architektur erinnerte mich an das Kanzleramt. Tatsächlich stammt es von denselben Architekten. Vielleicht ist das Ausdruck einer modernen Art zu trauern.

Vor einiger Zeit habe ich eine heftige Diskussion in einer Familie mit zwei erwachsenen Kindern erlebt. Man sprach über Tod und Beerdigungen. Die Mutter bestand darauf, dass auf ihrer Beerdigung keine traurige, sondern heitere, optimistische Popmusik gespielt werde. Die Tochter und der Sohn widersprachen ihrer Mutter heftig – halb scherzhaft, halb ernst: Sie bestünden darauf, am Grab ihrer Mutter weinen zu dürfen und wollten dazu keine Popmusik hören. Man könne aus einer Beerdigung keine Party machen.

Ich finde, die Kinder haben recht, die Tradition hat allerdings nicht nur für die Beerdigung selbst, sondern vor allem auch für die schwierigen Stunden unmittelbar danach eine geeignete Form entwickelt, den so genannten Leichenschmaus, der ruhig heiter sein darf, wenn Anekdoten über den Verstorbenen erzählt werden. Das Leben geht für die Trauernden auch nach dem Tod weiter.

III. Zum Abend
Den Tod vor Augen haben

Wir können anstellen, was wir wollen: Wir kommen um den Tod, um den Tod anderer und vor allem um unseren eigenen nicht herum. Es gibt deshalb nur eine Möglichkeit, mit dem Tod angemessen umzugehen: nämlich ihn sich bewusst machen, ihn als das begreifen, was er ist: eine der schwierigsten, vielleicht die schwierigste Aufgabe in unserem Leben. Das hat gar nichts mit Todessehnsucht oder Lebensüberdruss zu tun. Wir leben sicherlich nicht, um zu sterben, auch nicht für das Jenseits. Wir sterben aber, weil wir leben. Das bedeutet, dass wir eine Position zum Tod, vor allem zu unserem eigenen Tod finden müssen. Egal ob man an ein Jenseits glaubt: Wir benötigen eine Haltung zur eigenen Endlichkeit. Und um die zu finden, müssen wir den Tod annehmen, über ihn nachdenken, uns auf ihn vorbereiten. Nicht ununterbrochen, nicht täglich, aber immer wieder. Der traditionelle Gräbergang bei den Protestanten am Totensonntag, bei den Katholiken an Allerseelen ist nichts anderes als ein jährlich wiederkehrender Anlass, der uns diesen unabdingbaren inneren Prozess ermöglicht.

IV. Zum Schlafengehen
Memento Mori

Ich möchte noch auf einen Effekt der Beschäftigung mit dem Tod hinweisen. Sie hilft, wichtige, lebenswichtige Dinge von den weniger wichtigen zu unterscheiden. Jeder, der einen sterbenden Menschen begleitet hat, kann das Loslassen von manchen Dingen miterleben und spüren, wie andere Schätze an Wert gewinnen.

Ich denke an den Sonnenaufgang …
und wünsche mir soviel Fassung in mein Herz,
solchen Gedanken gegenüber dazusein,
still, aufmerksam, als ein seiendes, Um-sich-nicht-Besorgtes …

(Rainer Maria Rilke, Briefe)

VIERZEHNTER TAG

Wie man leben soll

Versuche, so gut es dir möglich ist, aber ohne deine Meinung preiszugeben, mit allen Menschen zurechtzukommen. Sag, was du zu sagen hast, in ruhigem Ton und in klaren Worten; und hör den anderen zu: Selbst die Unwissenden und die Dummen haben ein Recht darauf, ihre Geschichte zu erzählen.

Wenn du dich mit anderen Menschen vergleichst, kannst du leicht überheblich und eifersüchtig werden. Denn immer wird es Menschen geben, die über oder unter dir stehen. Gehe mit Umsicht deinen Geschäften nach, denn die Welt ist voll Betrug. Aber das soll dich nicht blind machen für das Gute. Viele Menschen haben hohe Ideale, und die Welt ist voll von Heldentum.

Versuche, du selbst zu sein. Vor allem versuche nicht, Zuneigung zu heucheln! Spotte niemals über die Liebe. Denn inmitten von Leere und Enttäuschung ist sie beständig wie das Gras. Lass dich nicht von Wahnvorstellungen quälen. Viele Ängste entstehen aus Erschöpfung und Einsamkeit.

Du bist ein Kind dieser Welt, genauso wie die Bäume und Sterne. Du hast ein Recht, hier zu sein. Und ob du es einsiehst oder nicht, es besteht kein Zweifel, dass sich die Welt so entfaltet, wie es sein sollte. Deshalb halte Frieden mit Gott, ganz gleich, was du unter Gott verstehst.

Trotz all ihrer falschen, schäbigen und zerbrochenen Träume ist es immer noch eine schöne Welt. Sei vorsichtig! Versuche glücklich zu sein.

(England, 16. Jahrhundert)

FÜNFZEHNTER TAG

Führen und geführt werden

I. Zum Morgen
Autorität oder Konsens

Menschen wollen und müssen geführt werden, sagte mir einmal in aller Klarheit ein sechzigjähriger, in seinem Leben höchst erfolgreicher Unternehmer, der ein Software-Unternehmen aufgebaut und lange Jahre geleitet hatte. Später, vor dem Rückzug ins Private, rettete er ein weiteres Unternehmen vor dem Bankrott, indem er nicht nur eine erhebliche Summe privaten Kapitals einsetzte, sondern insbesondere die Einstellung der Mitarbeiter durch überzeugende Führung drastisch änderte.

Generell aber tun wir uns in Deutschland etwas schwer mit dem Begriff der Führung. Stattdessen neigen wir in Unternehmen, erst recht in privaten und politischen Organisationen, zu einer Vorstellung von Konsens. Ich glaube, dahinter steckt die Illusion, dass führungsfreier Raum möglich ist.

Konsens über Grundlagen und gemeinsame Ziele ist sicher wichtig, um möglichst viele Bürger, Mitglieder, Mitarbeiter mit- und für eine Sache einzunehmen. Tatsächlich aber taugt Konsens allein für die Führung von Unternehmen oder Organisationen wenig. Selbst die Demokratie würde ohne Führung nicht funktionieren. Sie verbirgt sich dort allerdings oft hinter Instanzen wie Parteitagen, Gremien oder Kommissionen. Beschlüsse kommen meist nicht durch Konsens, sondern durch Mehrheiten und Führungspersonen zustande.

Ich spreche nicht für autokratische Strukturen, sondern gehe von der Natur des Menschen aus. Die Kommunikationswissenschaft hat den Begriff der »opinion leader« geprägt, Meinungsführer, die es in allen menschlichen Strukturen gibt: in Familien, in Vereinen, in Freundeskreisen, in der Kirche und natürlich auch in Unternehmen. Meinungsführer sind Menschen, denen man kraft ihrer Autorität und Integrität vertraut, die man nach ihrer Meinung fragt, deren Meinung damit auch mehr als die anderer Gehör und Verbreitung findet. Genauso verhält es sich mit Führung. Es gibt Menschen, die die Begabung dazu und die Autorität haben, andere zu begeistern, zu motivieren, auch zu disziplinieren. Das »Prinzip der inneren Führung«, richtig angewandt, widerspricht meiner Überzeugung nach nicht dem Konsensprinzip, denn es geht bei richtiger Führung nicht darum, die Interessen anderer zu ignorieren und allein die eigenen durchzusetzen.

Führungskräfte müssen sich immer wieder klar machen, dass führen immer auch dienen heißt. Führung stellt keinen Selbstzweck dar, sondern ergibt immer nur in einem Dreieck aus dem Führenden, dem Geführten und dem gemeinsamen Ziel der gemeinsamen Sache Sinn. Der Führende hat Verantwortung für den Geführten und für das Ganze: das Unternehmen, den Verein, die Familie. Diese Verantwortung ist größer als die, die er sich selbst gegenüber hat. Wenn Führung nur auf den Führenden ausgerichtet ist, dann haben wir es mit Herrschaft zu tun. Eine solche Führungskraft ist ebenso fehl am Platz wie diejenige, die sich nur am Wohl der anderen orientiert und Entscheidungen und Konflikte im Sinne der gemeinsamen Sache scheut. Richtig eingesetzt kommt nach meiner Erfahrung beim richtigen Führungsprinzip mehr heraus als der so genannte größte gemeinsame Nenner, der häufig so groß nicht ist.

II. Zum Mittag
Der Abt

Der Abt, der würdig ist, einem Kloster vorzustehen, muss immer bedenken, wie man ihn anredet, und er verwirkliche durch sein Tun, was diese Anrede für einen Oberen bedeutet.

Deshalb darf der Abt nur lehren oder bestimmen und befehlen, was der Weisung des Herrn entspricht.

Der Abt denke immer daran, dass in gleicher Weise über seine Lehre und über den Gehorsam seiner Jünger beim erschreckenden Gericht Gottes entschieden wird. So wisse der Abt: Die Schuld trifft den Hirten, wenn der Hausvater an seinen Schafen zu wenig Ertrag feststellen kann.

Wer also den Namen »Abt« annimmt, muss seinen Jüngern in zweifacher Weise als Lehrer vorstehen: Er mache alles Gute und Heilige mehr durch sein Leben als durch sein Reden sichtbar. Einsichtigen Jüngern wird er die Gebote des Herrn mit Worten darlegen, hartherzigen aber und einfältigeren wird er die Weisungen Gottes durch sein Beispiel veranschaulichen.

Gott könnte ihm eines Tages sein Versagen vorwerfen: »Was zählst du meine Gebote auf und nimmst meinen Bund in deinen Mund? Dabei ist Zucht dir verhasst, meine Worte wirfst du hinter dich.« Auch gilt: »Du sahst im Auge deines Bruders den Splitter, in deinem hast du den Balken nicht bemerkt.«

Der Abt bevorzuge im Kloster keinen wegen seines Ansehens. Den einen liebe er nicht mehr als den anderen, es sei denn, er finde einen, der eifriger ist in guten Werken und im Gehorsam.

Wenn der Abt lehrt, halte er sich immer an das Beispiel des Apostels, der sagt: »Tadle, ermutige, weise streng zurecht.« Das bedeutet für ihn: Er lasse sich vom Gespür für den rechten Augenblick leiten und verbinde Strenge mit gutem Zureden. Er zeige den entschlossenen Ernst des Meisters und die liebevolle Güte des Vaters. Härter tadeln muss er solche, die keine Zucht kennen und keine Ruhe geben; zum Fortschritt im Guten ermutige er alle, die gehorsam, willig und ge-

duldig sind; streng zurechtweisen und bestrafen soll er jene, die nachlässig und widerspenstig sind. Auf keinen Fall darf er darüber hinwegsehen, wenn sich jemand verfehlt; vielmehr schneide er die Sünden schon beim Entstehen mit der Wurzel aus, so gut er kann.

Der Abt muss bedenken, was er ist, und bedenken, wie man ihn anredet. Er wisse: Wem mehr anvertraut ist, von dem wird mehr verlangt. Er muss wissen, welch schwierige und mühevolle Aufgabe er auf sich nimmt: Menschen zu führen und der Eigenart vieler zu dienen. Muss er doch dem einen mit gewinnenden, dem anderen mit tadelnden, dem dritten mit überzeugenden Worten begegnen. Nach der Eigenart und Fassungskraft jedes Einzelnen soll er sich auf alle einstellen und auf sie eingehen. So wird er an der ihm anvertrauten Herde keinen Schaden erleiden, vielmehr kann er sich am Wachsen einer guten Herde freuen. Vor allem darf er über das Heil der ihm Anvertrauten nicht hinwegsehen oder es gering schätzen und sich größere Sorge machen um vergängliche, irdische und hinfällige Dinge. Stets denke er daran: Er hat die Aufgabe übernommen, Menschen zu führen, für die er einmal Rechenschaft ablegen muss.

Er wisse, dass er mehr helfen als herrschen soll. Er muss daher das göttliche Gesetz genau kennen, damit er Bescheid weiß und [einen Schatz] hat, aus dem er Neues und Altes hervorholen kann. Er sei selbstlos, nüchtern, barmherzig.

Immer gehe ihm Barmherzigkeit über strenges Gericht, damit er selbst Gleiches erfahre. Er hasse die

Fehler, er liebe die Brüder. Muss er aber zurechtweisen, handle er klug und gehe nicht zu weit; sonst könnte das Gefäß zerbrechen, wenn er den Rost allzu heftig auskratzen will. Stets rechne er mit seiner eigenen Gebrechlichkeit. Er denke daran, dass man das geknickte Rohr nicht zerbrechen darf. Damit wollen wir nicht sagen, er dürfe Fehler wuchern lassen, vielmehr schneide er sie klug und liebevoll weg, wie es seiner Absicht nach jedem weiterhilft; wir sprachen schon davon.

Er suche, mehr geliebt als gefürchtet zu werden. Er sei nicht stürmisch und nicht ängstlich, nicht maßlos und nicht engstirnig, nicht eifersüchtig und allzu argwöhnisch, sonst kommt er nie zur Ruhe. In seinen Befehlen sei er vorausschauend und besonnen. Bei geistlichen wie bei weltlichen Aufträgen unterscheide er genau und halte Maß.

(Benediktregel, Auszüge aus den Kap. 2 und 64)

III. Zum Abend
Von der guten und der schlechten Führung

Tatsächlich erleben wir in Unternehmen immer wieder richtig schlechte Mitarbeiterführung: Mobbing, Illoyalität, Machtspielchen, innere Kündigung. Auch ich stelle bei meiner Arbeit oft eine Kultur des Misstrauens und der Missgunst in Unternehmen fest – völlig entgegengesetzt dem so oft propagierten Teamgedanken und sachdienlicher

Zusammenarbeit. Selbst bei Entscheidungen großer Tragweite lassen sich viel öfter als gemeinhin angenommen irrationale Einflüsse identifizieren. Dabei liegt der Schlüssel zum Erfolg eines Unternehmens neben guten, innovativen und wettbewerbsfähigen Produkten im Umgang mit Menschen. Hier hilft kein Programm, egal ob es Lean Production, Business Reengineering, Top Plus, Total Quality Management heißt, sondern einzig gute Mitarbeiterführung. Arbeitskraft ist heute so teuer, dass es ein Wahnsinn ist, wenn es sich Unternehmen leisten, eine größere Zahl unzufriedener oder frustrierter Mitarbeiter zu beschäftigen. Die eigentliche Grundlage dauerhafter Spitzenleistungen sind die Menschen, die gerne und mit Engagement ihre Arbeit tun.

Dennoch wird vor allem in großen Unternehmen der Erfolgsfaktor motivierter Mitarbeiter immer noch unterschätzt. Menschliche Bedürfnisse wie Glück, Zufriedenheit, Sinn und Erfüllung am Arbeitsplatz haben gegenüber Kostenrechnungen selten Bestand – eine gerade auch betriebswirtschaftliche Dummheit, wie ich finde. Denn stimmt der Geist des Hauses nicht, stimmt auch die betriebliche Leistung nicht. Wann aber sind Mitarbeiter motiviert? Ich glaube,

- wenn sie hinter dem Ganzen stehen,
- wenn Entscheidungen offen kommuniziert werden und die Unternehmenskultur frei von geheimniskrämerischer hierarchischen Abschottung ist,
- wenn die Unternehmenskultur zu Eigenverantwortung ermuntert, aber fehlertolerant bleibt.

Auf der Seite der Führungskräfte erfordert das eine hohe emotionale Kompetenz, die in meinen Augen gerade in schwieriger werdenden wirtschaftlichen Verhältnissen ebenbürtig neben Fachwissen und logische Analysefähigkeit tritt. Was aber charakterisiert eine Persönlichkeit mit hoher emotionaler Intelligenz? Ich meine, es sind fünf Aspekte: erstens Selbstbewusstheit – die Fähigkeit eines Menschen, seine Stimmungen, Gefühle und Bedürfnisse zu akzeptieren und zu verstehen, und ihre Wirkung auf andere einzuschätzen. Zweitens Selbststeuerung – die Fähigkeit, kurzzeitige Impulse oder Stimmungen zu kontrollieren, sowie die Tendenz, Urteile reifen zu lassen und erst zu denken, bevor man handelt. Drittens Motivation – die Begeisterungsfähigkeit für die Arbeit, sich selbst unabhängig von finanziellen Anreizen oder Status anfeuern zu können und die Einstellung, Ziele ausdauernd und mit Hingabe zu verfolgen. Viertens Empathie – die Fähigkeit, emotionale Befindlichkeiten anderer Menschen zu verstehen und angemessen darauf zu reagieren. Fünftens soziale Kompetenz – die Fähigkeit, Kontakte zu knüpfen und tragfähige Beziehungen aufzubauen.

IV. Zum Schlafengehen
Geführt werden

Wir kennen die notorischen Quertreiber und Wichtigtuer in Vereinen, Unternehmen, Familien. Die, die immer dagegen sind, sich selbstsüchtig in den Vordergrund spielen, kritisieren und attackieren, ohne dass sie Verantwortung übernehmen und die gemeinsame Sache konstruktiv weiterführen wollen. Die passive Seite des Führens besteht darin, sich einzufügen und unterzuordnen zu können. Die Fähigkeit zur Unterordnung hat viel damit zu tun, seine eigenen Talente und Grenzen ehrlich einzuschätzen und zu akzeptieren. Wenn ich mangels eigener Kompetenz oder Funktion nicht imstande oder nicht willens bin zu führen, dann habe ich mich, sofern ich das gemeinsame Ziel teile, unterzuordnen. Es geht bei der Unterordnung nicht darum, dass man seine Meinung nicht mehr sagen und es keinen Streit geben darf. Genauso wenig sehe ich Führung als unabänderbar an; sie wird und muss sich immer wieder auch in der Konkurrenz neu etablieren. Wenn die Konkurrenz um die (bessere) Führung aber entschieden ist, darf ich nicht mehr dagegen arbeiten, sei es offen oder verborgen. Das verstehen wir heute unter Loyalität: das Mittragen von gemeinsamen Zielen auch in einer nachrangigen Position. Den Inhalt dieses Begriffs kannte auch Benedikt, er nannte ihn Gehorsam.

Der Gehorsam

Der erste Schritt zur Demut ist Gehorsam ohne Zögern. Er ist die Haltung derer, denen die Liebe zu Christus über alles geht. Wegen des heiligen Dienstes, den sie gelobt haben, oder aus Furcht vor der Hölle und wegen der Herrlichkeit des ewigen Lebens darf es für sie nach einem Befehl des Oberen kein Zögern geben, sondern sie erfüllen den Auftrag sofort, als käme er von Gott. Von ihnen sagt der Herr: »Aufs erste

Hören hin gehorcht er mir.« Und ebenso sagt er den Lehrern: »Wer euch hört, hört mich.« Daher verlassen Mönche sofort, was ihnen gerade wichtig ist, und geben den Eigenwillen auf. Sogleich legen sie unvollendet aus der Hand, womit sie eben beschäftigt waren. Schnellen Fußes folgen sie gehorsam dem Ruf des Befehlenden mit der Tat. Mit der Schnelligkeit, die aus der Gottesfurcht kommt, geschieht beides rasch wie in einem Augenblick: der ergangene Befehl des Meisters und das voll brachte Werk des Jüngers. So drängt sie die Liebe, zum ewigen Leben voranzuschreiten.

Deshalb schlagen sie entschlossen den engen Weg ein, von dem der Herr sagt: »Eng ist der Weg, der zum Leben führt.« Sie leben nicht nach eigenem Gutdünken, gehorchen nicht ihren eigenen Gelüsten und Begierden, sondern gehen ihren Weg nach der Entscheidung und dem Befehl eines anderen. Sie bleiben im Kloster und haben das Verlangen, dass ein Abt ihnen vorstehe. Ohne Zweifel folgen sie auf diesem Weg dem Herrn nach, der sagt: »Ich bin nicht gekommen, meinen Willen zu tun, sondern den Willen dessen, der mich gesandt hat.«

Ein Gehorsam dieser Art ist nur dann Gott angenehm und für die Menschen beglückend, wenn der Befehl nicht zaghaft, nicht saumselig, nicht lustlos oder gar mit Murren und Widerrede ausgeführt wird. Denn der Gehorsam, den man den Oberen leistet, wird Gott erwiesen; sagt er doch: »Wer euch hört, hört mich.« Die Jünger müssen ihn mit frohem Herzen leisten, denn Gott liebt einen fröhlichen Geber.

Wenn aber der Jünger verdrossen gehorcht, also nicht nur mit dem Mund, sondern auch mit dem Herzen murrt, so findet er, selbst wenn er den Befehl ausführt, doch kein Gefallen bei Gott, der das Murren seines Herzens wahrnimmt. Für solches Tun empfängt er keinen Lohn, sondern verfällt der Strafe der Murrer, wenn er nicht Buße tut und sich bessert.

(Benediktregel, Kap. 5)

SECHZEHNTER TAG

Talente und Grenzen

I. Zum Morgen
Über die Wahrnehmung

Macht der Dichtung

»Dein geniales Gedicht
wird nicht nur sehr nützlich sein
und die Seefahrt sicherer machen
als je bisher
weil es so unüberhörbar
vor Eisbergen warnt
auf scheinbar offener See
sondern es wird
dank der Schönheit deiner Beschreibung
der Eisberge und der Wogen

und des Zusammenstoßes
zwischen der wilden Natur und
ihrem Besieger Mensch
auch die unsterblich machen!«

Das etwa soll ein Mädchen
zu einem jungen Dichter
gesagt haben
den sie dabei
schwärmerisch ansah
im Schiffssalon
am Tag vor dem Ende der Fahrt
laut Bericht eines Zuhörers
dem die Worte dann nach dem Unglück
nicht aus dem Kopf gingen
auch nicht nach seiner Bergung
aus einem der überfüllten
Rettungsboote.

(Erich Fried)

II. Zum Mittag
Der falsche Mitarbeiter

Ein Dichter hat ganz bestimmt viele Talente, doch nicht immer sind es diejenigen, die man benötigt. Da nutzt die ganze Bewunderung nichts. Die richtige und ehrliche Einschätzung der eigenen Talente wie Grenzen halte ich für essentiell, um souverän zu leben. Wenig hemmt mehr als andauernde Selbstüber- oder -unterschätzung. Von besonderer Bedeutung ist diese Frage dort, wo wir unsere Talente verkaufen: im Beruf. Wenn ich als Berater in Unternehmen komme, höre ich oft die Klage, die Mitarbeiter seien schlecht, man solle sie hinauswerfen und neue, bessere Leute hereinholen. Gerade in ökonomisch schwierigen Zeiten finden solche Radikalforderungen rasch Gehör. Ich will hier nicht näher darauf eingehen, dass die Art, wie ich mit mir anvertrauten Mitarbeitern umgehe, nicht nur eine ethische Frage ist, sondern auch eine, die über den weiteren Erfolg des Unternehmens entscheidet, und zwar anders, als es Manager oft denken. Der Wert des inneren Betriebsklimas ist nicht zu überschätzen.

Ich frage die mit ihren Mitarbeitern unzufriedenen Manager immer, was genau sie meinen, wenn sie ihr Personal als »schlecht« bezeichnen. Schnell kommen wir auf zwei mögliche Antworten: Entweder die Mitarbeiter sind in den Augen ihrer Chefs unmotiviert oder sie werden nicht entsprechend ihren Talenten, sondern außerhalb ihrer Grenzen eingesetzt. Hier muss man unterscheiden, ob es sich bei der jeweiligen Anforderung um eine fachliche Qualifikation handelt, die nur durch eine spezielle Ausbildung erworben werden kann, oder um eine, die man auch nachträglich schulen kann. Als dritte Möglichkeit gibt es Qualifikationen, und die werden oft unterschätzt, die in der Person, im Verhalten, in der Kommunikationsfähigkeit usw. begründet liegen. Selten jedoch ist diese Unterscheidung klar zu treffen. Unbestritten ist ein Mediziner fehl am Platz eines Juristen, und ein Chemiker kann keinen Betriebswirt ersetzen. Doch muss ein Volkswirt als Vertriebsmann, ein Lehrer in der Marketingabteilung, ein

Politologe als Personalchef immer eine Fehlbesetzung sein? Ein Beispiel dazu:

In einem mittelständischen Softwareunternehmen war man für Quereinsteiger stets sehr offen. So arbeitete in der Marketingabteilung eine gelernte Geografin, die sich weitergebildet hatte. Sie war äußerst resolut und durchsetzungsstark, führte in Diskussionen stets das erste, oft das letzte Wort und organisierte mit großem Fleiß die gesamte Außendarstellung des Unternehmens, als die Position des Leiters der Kommunikationsabteilung über einen längeren Zeitraum vakant war. Sie fühlte sich als die Kommunikationschefin des Unternehmens. Als der Vorstandsvorsitzende einen neuen Leiter für die Unternehmenskommunikation einstellte, einen Journalisten, merkte dieser rasch, dass die Ergebnisse der Arbeit seiner Mitarbeiterin nicht gut waren. Dass sie außerdem durch ihre dominante Art viele Kollegen gegen sich aufbrachte und die Kommunikationsabteilung im Haus nicht gut angesehen war. Letzteres war schließlich der Grund, weshalb sie bei einer anstehenden Personalreduktion von anderen Abteilungsleitern als erste genannt wurde. Als ihr gekündigt wurde, fiel sie aus allen Wolken.

Was war hier falsch gelaufen? Einerseits fehlte der Geografin die fachliche Qualifikation. Die konnte sie offenbar auch durch Weiterbildung nicht erwerben. Viel wichtiger noch: Ihr fehlte auch das Gespür für ihre persönlichen Grenzen. Fehlender Akzeptanz ihrer Arbeit versuchte sie mit Dominanz zu begegnen. Sie wurde von vielen Kollegen als herrisch, von ihrem neuen Chef als renitent empfunden. Sie selbst empfand sich als einzige gut organisierte in einem Chaoshaufen. In den vielen Jahren, die sie in dieser Firma gearbeitet hatte, hatte sie sich selbst und hatten ihre damaligen Vorgesetzten sie falsch eingeschätzt, ihre Talente und Grenzen nicht erkannt. Warum nicht? Weil das Mühe macht. Dem Verantwortlichen in einer Firma und jedem selbst. Allerdings ist genau diese Mühe mit die wichtigste Aufgabe, wenn es um persönliche Weiterentwicklung geht.

III. Zum Abend
Der gute Chef

Wer wünscht ihn sich nicht, den guten, weisen, klugen, ausgeglichenen und ausgleichenden Chef?

Die Qualität eines Chefs, das ist meine immer wieder neu bestätigte Erfahrung, lässt sich daran messen, wie gut er in der Lage ist, die persönlichen Talente und Grenzen seiner Mitarbeiter zu erkennen und anzuerkennen. Dazu gehört, dass er sie nicht nach absoluten, vor allem nicht seinen persönlichen, sondern nach Maßstäben misst, die dem einzelnen Mitarbeiter gemäß sind. Der gute Chef versteht es, jeden so zu behandeln, so zu loben und zu tadeln, anzuspornen und zu bremsen, wie es zu diesem Menschen passt. Das setzt voraus, dass sich der gute Chef für seine Mitarbeiter interessiert.

Es gibt in Unternehmen die Tendenz, dass private Dinge mehr und mehr ausgeklammert werden. Viele Vorgesetzte wissen vom Leben ihrer Mitarbeiter nicht viel mehr als den beruflichen Teil. Gleichzeitig scheuen sich

Mitarbeiter, von sich zu erzählen, weil das die perfekte berufliche Fassade gefährden könne. Ein erfolgreicher Immobilienmakler, der in seiner Freizeit nicht segelt, sondern einen Kleingarten pflegt? Jemand, der sich noch in der Probezeit beweisen muss, auch durch Einsatz über die übliche Arbeitszeit hinaus, und nach Feierabend seine pflegebedürftige Mutter versorgt? Wie sieht das denn aus? Ich halte diese Verschlossenheit für grundfalsch, denn zu den Talenten und Grenzen der Person kommen Lebenssituationen, in denen Menschen besonders leistungsstark oder beeinträchtigt sind. Beidem sollte ein guter Chef gerecht werden.

Wenn es um unser eigenes Leben geht, sind wir selbst der Chef. Wir führen unser Leben, mehr oder weniger verantwortungsvoll. Um uns selbst, unserer Person und ihren Anforderung gerecht zu werden, müssen wir streng mit uns sein und unsere Grenzen erkennen, das heißt: sie uns bewusst machen und sie anerkennen. Sie zu erkennen bedeutet aber in einem ersten Schritt, sich zu hinterfragen. So wie viele Führungskräfte zu keiner Kritik bereit und vermutlich auch nicht fähig sind, tun auch wir Führungskräfte unseres eigenen Lebens uns mit ehrlicher Selbstreflexion oft schwer. Dennoch habe ich immer wieder Menschen kennen gelernt, die mir mit großer Ehrlichkeit gleich beim ersten Gespräch ihre eigenen Schwächen dargelegt haben. Auch Manager. Darin sehe ich echte Souveränität. Wir können nicht unser Leben lang Dingen nachlaufen, die wir mit unseren persönlichen Kompetenzen nicht erreichen können. Benedikt fasst das Thema Talente und Grenzen folgendermaßen zusammen: »Für alles, was uns von Natur aus kaum möglich ist, sollen wir die Gnade und Hilfe des Herrn erbitten.« Mit den Talenten allerdings, also mit dem, was uns sehr wohl möglich ist, sind wir angehalten zu wuchern. Die gilt es nicht nur zu erkennen und zu pflegen, sondern zu mehren. Konzentrieren wir uns auf das Beste, was wir haben, und versuchen wir, das noch zu übertreffen.

Nehmen Sie doch an dieser Stelle ein Blatt zur Hand und schreiben Sie in zwei Spalten Ihre Talente und Ihre Grenzen auf. Nehmen Sie das Blatt in den nächsten Tagen einige weitere Male zur Hand und denken Sie über die Punkte nach. Ergänzen Sie. Ärgern Sie sich nicht über Dinge, die Ihnen darauf nicht gefallen. Das sind Sie. Freuen Sie sich über anderes. Diskutieren Sie die Liste mit Ihnen nahen Menschen. Ergänzen Sie wieder und heben sich das Blatt auf. Nehmen Sie es immer dann wieder hervor, wenn Sie das Gefühl haben, dass Sie an Ihre Grenzen stoßen oder mit Ihren Talenten nicht verantwortungsvoll umgehen.

IV. Zum Schlafengehen
Das Gleichnis vom anvertrauten Geld

Es ist wie mit einem Mann, der auf Reisen ging: Er rief seine Diener und vertraute ihnen sein Vermögen an. Dem einen gab er fünf Talente Silbergeld, einem anderen zwei, wieder einem anderen eines, jedem nach seinen Fähigkeiten. Dann reiste er ab. Sofort begann der Diener, der fünf Talente erhalten hatte, mit ihnen zu wirtschaften, und er gewann noch fünf dazu. Ebenso gewann der, der zwei erhalten hatte, noch zwei dazu. Der aber, der das eine Talent erhalten hatte, ging und grub ein Loch in die Erde und versteckte das Geld seines Herrn.

Nach langer Zeit kehrte der Herr zurück, um von den Dienern Rechenschaft zu verlangen. Da kam der, der die fünf Talente erhalten hatte, brachte fünf weitere und sagte: Herr, fünf Talente hast du mir gegeben; sieh her, ich habe noch fünf dazugewonnen. Sein Herr sagte zu ihm: Sehr gut, du bist ein tüchtiger und treuer Diener. Du bist im Kleinen ein treuer Verwalter gewesen, ich will dir eine große Aufgabe übertragen. Komm, nimm teil an der Freude deines Herrn! Dann kam der Diener, der zwei Talente erhalten hatte, und sagte: Herr, du hast mir zwei Talente gegeben; sieh her, ich habe noch zwei dazugewonnen. Sein Herr sagte zu ihm: Sehr gut, du bist ein tüchtiger und treuer Diener. Du bist im Kleinen ein treuer Verwalter gewesen, ich will dir eine große Aufgabe übertragen. Komm, nimm teil an der Freude deines Herrn!

Zuletzt kam auch der Diener, der das eine Talent erhalten hatte, und sagte: Herr, ich wusste, dass du ein strenger Mann bist; du erntest, wo du nicht gesät hast, und sammelst, wo du nicht ausgestreut hast; weil ich Angst hatte, habe ich dein Geld in der Erde versteckt. Hier hast du es wieder. Sein Herr antwortete ihm: Du bist ein schlechter und fauler Diener! Du hast doch gewusst, dass ich ernte, wo ich nicht gesät habe, und sammle, wo ich nicht ausgestreut habe. Hättest du mein Geld wenigstens auf die Bank gebracht, dann hätte ich es bei meiner Rückkehr mit Zinsen zurückerhalten. Darum nehmt ihm das Talent weg und gebt es dem, der die zehn Talente hat! Denn wer hat, dem wird gegeben, und er wird im Überfluss haben; wer aber nicht hat, dem wird auch noch weggenommen, was er hat. Werft den nichtsnutzigen Diener hinaus in die äußerste Finsternis! Dort wird er heulen und mit den Zähnen knirschen.

(Mt 25,14ff.)

SIEBZEHNTER TAG

Wertschätzen statt abwerten

I. Zum Morgen
Stets versagen die anderen

Als Jürgen Schrempp 1995 Edzard Reuter als Vorstandsvorsitzender von Daimler-Benz nachfolgte, rechnete er als erstes mit seinem Vorgänger ab: Dessen Strategie, Daimler-Benz zu einem integrierten, breit gefächerten Technologiekonzern auszubauen, habe das Unternehmen nahe an den Abgrund geführt. Zehn Jahre später: Als Dieter Zetsche 2005 Schrempp als Chef von Daimler-Chrysler ablöste, führte er als erstes seinen Vorgänger vor. Dessen Strategie, Daimler-Chrysler als den ersten weltweiten

Automobilkonzern aufzustellen, habe das Unternehmen nahe an den Abgrund geführt. Es ist üblich geworden, dass ein neuer Vorstandsvorsitzender, ein neuer Geschäftsführer eines Unternehmens an der Arbeit seines Vorgängers kein gutes Haar lässt – ein Verhalten, das sich auf sämtlichen Hierarchieebenen durchs Unternehmen zieht und das aus der Politik seit langem bekannt ist.

Wenn man Politikern zuhört, kann man den Eindruck gewinnen, als seien stets die anderen Versager. Das hat besonders deutlich der Bundestagswahlkampf 2005 gezeigt. Das eine Lager bezichtigte das andere des grenzenlosen Dilettantismus und einer Politik, die das Land in die schlimmste Krise seit dem zweiten Weltkrieg geführt habe, während das andere landauf landab der Kandidatin der Gegenpartei übel nachredete: Die könne es einfach nicht. Es erübrigt sich festzustellen, dass derartige blinde Kategorisierung die Realität nie zutreffend beschreibt. Kein Vorgänger – in welchem Amt auch immer – hat nur versagt, kein Nachfolger wird nur glänzen. Jede Partei hat starke und schwache Politiker und angesichts der Situation brauchbare und weniger brauchbare Rezepte. Jede noch so verantwortungsvolle Führungskraft wird neben ihren Leistungen auch Fehler machen.

Dennoch: Ich stelle allenthalben eine Kultur des Abwertens und Schlechtredens fest. Das gilt nicht nur für Unternehmen oder die Politik: Wenn wir uns einmal selbst beobachten, werden die meisten feststellen, dass wir viel mehr tadeln, kritisieren, herabwürdigen als loben, anerkennen, schätzen. Jemanden zu loben fällt viel schwerer als ihn zu kritisieren. Mir fällt gerade in Familien und unter Partnern oft ein Argumentationsmuster auf, das dieser Beobachtung entspricht. Schon in den Rednerschulen des antiken Griechenlands lernte man, mit den schwächeren Argumenten zu beginnen und mit den stärksten zu enden. Danach ist das zuletzt Gesagte stets einschlägiger, einprägsamer und aus Sicht des Redners wichtiger. In diesem Licht betrachtet ist folgende Argumentation interessant: Ich räume ja ein, dass Du hier oder dort Recht hast, dass ich den einen oder anderen Fehler begangen habe, dass ich dieses oder jenes hätte anders machen sollen, *aber Du* liegst dort völlig falsch. Etwas Unwichtigeres einräumen, um aus dieser Position die Fundamentalkritik anzubringen, ist ein beliebtes Muster und folgt ganz dem Zeitgeist des Ab- statt Aufwertens. Wie drastisch verändert sich im Vergleich dazu ein Argument, wenn man seine beiden Bestandteile einfach umdreht? Zuerst die Kritik, wenn sie denn sein muss, und dann das Lob? Ich glaube zwar, dass auch Du Dich damals ungeschickt verhalten hast, aber das hier machst Du richtig gut!

Probieren Sie es ruhig einmal aus und loben Sie, und zwar auch ganz ohne Einschränkung. Du siehst toll aus heute! Das hast Du richtig gut gemacht! Kompliment, wie Du diese Situation gemeistert hast! Ich bewundere Dich dafür, wie souverän Du mit solchen Dingen umgehst! Sie werden die Zauberwirkung des Lobs sofort feststellen und sehen, dass Sie damit wesentlich mehr erreichen als durch Kritik und Nörgeln. Passen Sie aber auf, dass Ihr Lob ehrlich und damit glaubwürdig ist.

II. Zum Mittag
Das Gleichnis von den Arbeitern im Weinberg

Denn mit dem Himmelreich ist es wie mit einem Gutsbesitzer, der früh am Morgen sein Haus verlieh, um Arbeiter für seinen Weinberg anzuwerben. Er einigte sich mit den Arbeitern auf einen Denar für den Tag und schickte sie in seinen Weinberg. Um die dritte Stunde ging er wieder auf den Markt und sah andere dastehen, die keine Arbeit hatten. Er sagte zu ihnen: Geht auch ihr in meinen Weinberg! Ich werde euch geben, was recht ist. Und sie gingen. Um die sechste und um die neunte Stunde ging der Gutsherr wieder auf den Markt und machte es ebenso. Als er um die elfte Stunde noch einmal hinging, traf er wieder einige, die dort herumstanden. Er sagte zu ihnen: Was steht ihr den ganzen Tag untätig herum? Sie antworteten: Niemand hat uns angeworben. Da sagte er zu ihnen: Geht auch ihr in meinen Weinberg!

Als es nun Abend geworden war, sagte der Besitzer des Weinbergs zu seinem Verwalter: Ruf die Arbeiter und zahl ihnen den Lohn aus, angefangen bei den letzten bis hin zu den ersten. Da kamen die Männer, die er um die elfte Stunde angeworben hatte, und jeder erhielt einen Denar. Als dann die ersten an der Reihe waren, glaubten sie, mehr zu bekommen. Aber auch sie erhielten nur einen Denar. Da begannen sie, über den Gutsherrn zu murren, und sagten: Diese letzten haben nur eine Stunde gearbeitet, und du hast sie uns gleich-

gestellt; wir aber haben den ganzen Tag über die Last der Arbeit und der Hitze ertragen. Da erwiderte er einem von ihnen: Mein Freund, dir geschieht kein Unrecht. Hast du nicht einen Denar mit mir vereinbart? Nimm dein Geld und geh! Ich will dem letzten ebenso viel geben wie dir. Darf ich mit dem, was mir gehört, nicht tun, was ich will? Oder bist du neidisch, weil ich zu anderen gütig bin? So werden die Letzten die Ersten sein und die Ersten die Letzten.

(Mt 20,1 ff.)

III. Zum Abend
»Ned g'schimpft is scho g'lobt gnua«

Ich kannte einen Brauereidirektor, der auf meine Frage, wieso er einen Angestellten für dessen Leistung nicht lobe, in unnachahmlicher bayerischer Grantigkeit brummte: »Ned g'schimpft is scho g'lobt gnua.« Ist es eben nicht. Er aber glaubte, er habe es in seiner Position nicht nötig zu loben und er könne so seine Autorität herausstellen. Doch würde er durch Lob tatsächlich an Autorität verlieren? Würde das Ansehen des Politikers beim Wähler schwinden, wenn er auch öffentlich dem Gegner Respekt zollte für dessen richtige Vorschläge? Würde der Manager in der Binnenhierarchie eines Unternehmens geschwächt, wenn er dem Vorgänger für dessen Leistungen dankte? Würde man in einem zwischenmenschlichen Konflikt plötzlich schwächer dastehen, wenn man einräumte, dass der andere auch Recht habe?

Warum aber tun wir das alles so ungern? Ich befürchte, das Abwerten des anderen hat nicht mit dem anderen und dessen tatsächlicher Leistung oder seinen Fehlern zu tun, sondern ausschließlich mit uns und unserer Sicht auf uns selbst. Mit unserem eigenen Wertgefühl. Wer sich unsicher ist über den eigenen Wert, wer an seiner Autorität zweifelt, seiner Stellung und seinem Ansehen im Unternehmen, seiner Strategie oder dem Programm seiner Partei, wird versucht sein, sich allein dadurch aufzuwerten, dass er andere abwertet. Die eigene Schwäche kaschieren, indem man andere schwach macht. Sich besser fühlen, wenn man sich mit Schlechteren vergleicht.

Wer aber bin ich? Was kann ich? Was bin ich wert? Wer diese wichtigen Fragen positiv beantwortet, hat festen Boden unter den Füßen. Wer darauf keine oder ungenügende Antwort findet, wird anfangen zu vergleichen: Wie ist der andere? Schöner? Erfolgreicher? Weiter? Im Sport besser? Eindrücke wie »der ist ja noch nervöser als ich« oder »das kann ich ja viel besser« können den eigenen Selbstwert stärken. Auch Rückmeldungen anderer – Lob, Bewunderung, Anerkennung – wirken sich positiv auf das Selbstwertgefühl aus. Kritik und Probleme mit anderen können den Selbstwert dagegen bedrohen. Viele Studien zeigen, dass für Männer der soziale Vergleich sehr wichtig ist, während Frauen mehr Wert auf zwischenmenschliche Beziehungen und Feedback legen. Die Bamberger Psychologien Astrid Schütz hat herausgefunden, dass Männer besonders zufrieden sind, wenn sie merken, dass sie besser sind als andere. Frauen scheint es wichtiger zu sein, von anderen anerkannt und akzeptiert zu werden.

Bei beiden offenbart sich das Problem des Vergleichens. Wer vergleicht, macht seinen Selbstwert von anderen abhängig. Und andersherum: Seine Sicht auf den anderen hängt von seinem eigenen Wert- oder Nichtwertgefühl ab. Es ist ja nicht nur so, dass, wer seinen Selbstwert daraus bezieht, dass er attraktiver, erfolgreicher, sportlicher als andere ist, stark verunsichert ist, wenn er altert, die Schönheit schwindet oder ein Misserfolg verkraftet werden muss. Ebenso unsicher sind zwischenmenschliche Rückmeldungen: Wer sich nur dann achten und wertschätzen kann, wenn er bei anderen beliebt ist, macht sich von deren Zuneigung abhängig. Scheitert eine Partnerschaft, ziehen sich Freunde zurück, kommt es zu familiären Konflikten, dann stellt sich das starke Selbst schnell als Fassade heraus. Deshalb greift man, wenn der Vergleich nicht eindeutig günstig ausfällt, im Zweifel zum Abwerten des anderen, in der Hoffnung, dass der Saldo unterm Strich wieder etwas erfreulicher aussieht.

Menschen mit einem gesunden Selbstwertgefühl hingegen akzeptieren sich so, wie sie sind, ohne dies von positiven Rückmeldungen oder persönlichen Erfolgen abhängig zu machen. Ich habe vor einiger Zeit einen hochrangigen Redner gehört, der nach einer soliden, aber keineswegs glänzenden Rede zu seinem Publikum aus einigen hundert Zuhörern sagte: »Sie wissen, dass vorgefertigte Reden meine Sache nicht sind.« Kompliment zu so viel ehrlicher und offener Selbsteinschätzung, hinter der ein gutes Gefühl für den eigenen Wert stecken muss. Genau das ist das Problem von Menschen mit einem schwachen Selbstwertgefühl. Sie können sich so, wie sie sind, nicht akzeptieren.

Ihre Ansprüche an sich selbst sind höher. Die Psychologie nennt das eine Kluft zwischen dem Selbstbild »So bin ich« und dem Idealbild »So möchte ich gerne sein«. Je geringer diese ist, desto selbstsicherer ist man. Ein Mensch, der wenig von sich selbst erwartet, wird sich über geringe Erfolge nicht den Kopf zerbrechen. Umgekehrt können noch so beachtliche Leistungen einem Menschen mit noch höheren Erwartungen schlaflose Nächte bereiten. Um diese Anforderung zu meistern, bedarf es freilich erheblicher Fähigkeiten zur Selbstbeobachtung und Selbstreflexion:

- Wie wirke ich auf andere?
- Wie reagieren andere auf mich?
- Was kann ich, was kann ich nicht?
- Was gelingt mir, was nicht?
- Worin bin ich gut, worin schlecht?

Um selbstsicher zu sein, muss ich mit mir, das heißt mit allen meinen Stärken und Schwächen, zufrieden sein. Das bedeutet nicht, dass ich nicht die eine oder andere Scharte auswetzen sollte. Was in meiner Macht steht, sollte ich auch tun. Was ich aber nicht vermag, darüber darf ich auch nicht unzufrieden sein.

IV. Zum Schlafengehen
Schwächen und Stärken

Es ist schwach, andere abzuwerten.
Es ist stark, sich zu hinterfragen.

Es ist stark, Schwächen zu bekennen.
Sich und anderen.

Nur wer sich kennt, kann andere kennen lernen.
Wer sich wertschätzt, braucht andere nicht abzuwerten.
Wer seine Schwächen einräumt, braucht sie nicht bei anderen zu suchen.
Wer die Stärken anderer hervorhebt, ist selber stark.
Wer sich seines Wertes sicher ist, kann und soll andere wertschätzen.

ACHTZEHNTER TAG

Neid und Gier

I. Zum Morgen
Managergehälter und Politikerdiäten

Es ist eigentlich unglaublich, dass sich der Deutsche Bundestag mit einem Gesetzesvorhaben befasste, wonach Aktiengesellschaften verpflichtet werden sollten, die Gehälter ihrer Vorstände zu veröffentlichen. Für professionelle Anleger nämlich ist es unerheblich, welcher Vorstand wie viel Gehalt erhält. Was zählt, ist die Gesamtsumme und die Leistung der Unternehmensführung. Wozu, frage ich mich, kümmert sich das deutsche Parlament um Gehälter? Besonders absurd werden solche Diskussionen, wenn es um Politikergehälter geht. Das Problem hier liegt in der ungenügenden Transparenz, insbesondere der Altersversorgung, sicherlich nicht in die Höhe. Das Gehalt der Bundeskanzlerin ist im Vergleich zu dem des Vorstandsvorsitzenden der Telekom oder von Siemens geradezu lausig. Wie will man bei dieser Bezahlung Spitzenkräfte für die Politik gewinnen?

Viel entscheidender aber ist die Frage, wieso uns das Haben anderer so sehr interessiert, insbesondere, wenn es um »die da oben« geht, aber ebenso »die daneben«: Wieso neiden wir dem einen Nachbarn sein Auto, dem zweiten seine Stellung, dem dritten seine Kinder und dem vierten seinen Charme? Neid ist vermutlich eine der Grundeigenschaften der Menschen, die zu allen Zeiten danach strebten, zu haben, zu besitzen, mehr zu haben und immer mehr zu besitzen – und das nicht nur im materiellen Sinne. Der Mensch will ja vieles haben: Begabung, Wissen, Zeit, Ehre, Ansehen, Beruf, Erfolg, Geld, Freiheit, Sicherheit, Gesundheit, Schönheit, Macht, Recht, Liebe, um nur einiges zu nennen.

Es ist wichtig, sich die unterschiedlichen Gefühle des Neides bewusst zu machen, die manchmal verwechselt werden, manchmal zusammenfallen können. Unter Neid verstehe ich ein Unbehagen über das Glück oder den Erfolg eines anderen. Neid ist sozusagen der unbefriedigte Ausdruck des Habenwollens. Häufig wird in diesem Zusammenhang auch der Begriff Missgunst gebraucht, der aber auch das Missgönnen der Habenden gegenüber den Nicht-Habenden einschließt, denen man keine Verbesserung ihrer Situation gönnt. Neid ist da stärker – das Ziel des Neides ist, den beneideten Vorzug zunichte zu machen, nicht etwa, ihn an sich zu bringen – das wäre Habsucht, Gier. Der Gierige ist der aktive Neider. Der Neider empfindet, das hat schon Wilhelm Busch festgestellt, den Gewinn anderer fast wie einen eigenen Verlust.

Einige Sprachen unterscheiden nicht zwischen Neid und Eifersucht, etwa das Polnische, das beide Gefühle mit dem Wort *zazdrość* bezeichnet. Tatsächlich haben Neid und Eifersucht die gleiche Richtung und den gleichen Gegenstand des Gefühls: Sie beziehen sich auf einen anderen Menschen und drehen sich um Haben. Dabei ist es Eifersucht, etwas, das man selber hat oder zu besitzen glaubt, nicht hergeben zu wollen, oder die Angst davor, dieses, insbesondere das Geliebte, hergeben zu müssen. Es ist stets das Haben, das uns sowohl bei Eifersucht als auch bei Neid treibt. Manchmal zum Wahnsinn.

II. Zum Mittag
Der Reiche und das Nadelöhr

Und siehe, einer trat zu ihm und fragte: Meister, was soll ich Gutes tun, damit ich das ewige Leben habe? Er aber sprach zu ihm: Was fragst du mich nach dem, was gut ist? Gut ist nur Einer. Willst du aber zum Leben eingehen, so halte die Gebote. Da fragte er ihn: Welche? Jesus aber sprach: Du sollst nicht töten; du sollst nicht ehebrechen; du sollst nicht stehlen; du sollst nicht falsch Zeugnis geben; ehre Vater und Mutter; und: Du sollst deinen Nächsten lieben wie dich selbst. Da sprach der Jüngling zu ihm: Das habe ich alles gehal-

ten; was fehlt mir noch? Jesus antwortete ihm: Willst du vollkommen sein, so geh hin, verkaufe, was du hast, und gib's den Armen, so wirst du einen Schatz im Himmel haben; und komm und folge mir nach!

Als der Jüngling das Wort hörte, ging er betrübt davon; denn er hatte viele Güter. Jesus aber sprach zu seinen Jüngern: Wahrlich, ich sage euch: Ein Reicher wird schwer ins Himmelreich kommen. Und weiter sage ich euch: Es ist leichter, dass ein Kamel durch ein Nadelöhr gehe, als dass ein Reicher ins Reich Gottes komme. Als das seine Jünger hörten, entsetzten sie sich sehr und sprachen: Ja, wer kann dann selig werden? Jesus aber sah sie an und sprach zu ihnen: Bei den Menschen ist's unmöglich; aber bei Gott sind alle Dinge möglich.

(Mt 19,16ff.)

III. Zum Abend
Die armen Reichen und die reichen Armen

Unsere Welt macht den Eindruck, und ich glaube, das hat sie stets getan, als bestehe das eigentliche Wesen des Seins im Haben: im Auto, das man fährt, im Haus, das man vorzeigen kann, in der Urlaubsreise, die man sich leistet, in den Markenklamotten, die für Schüler ebenso wichtig sind wie die Rolex am Arm des Managers. Selbst der Halbstarke, der einen Kampfhund spazieren führt, will sein, was er hat. So materiell die Welt ist, so sehr haben die großen Meister der Geistesgeschichte in der Alternative zwischen Haben und Sein eine Kernfrage ihrer jeweiligen Anschauung gesehen. Buddha lehrt, dass nicht nach Besitz streben dürfe, wer die höchste Stufe der menschlichen Erkenntnis erreichen wolle. Von Jesus stammt nicht nur der bekannte Vergleich des Reichen mit dem Kamel vor dem Nadelöhr. Er sagt auch:

> *Denn wer sein Leben retten will, der wird es verlieren; wer aber sein Leben verliert um meinetwillen, der wird es retten. Denn was nützt es dem Menschen, wenn er die ganze Welt gewinnt, sich selbst aber verliert und Schaden erleidet?*
>
> *(Lk 9,24 f.)*

Meister Eckhart lehrt, nichts zu haben und sich selbst offen und leer zu machen, sich selbst mit seinem eigenen Ich nicht im Wege zu stehen, sei die Voraussetzung, um geistigen Reichtum und Kraft zu erlangen. Selbst für Karl Marx, für den das materielle Sein, damit das Haben, das Bewusstsein bestimmt, ist Luxus ein genauso großes Laster wie Armut. Ziel müsse es sein, viel zu sein, nicht viel zu haben. Allen gemeinsam ist ein geradezu wahnwitzig anmutender Anspruch: Auf das Materielle sei zu verzichten, um das tatsächliche Sein, bei Jesus sogar das ewige Sein bei Gott zu erreichen. Recht weit gekommen sind wir, wenn man sich unsere Konsumgesellschaft ansieht, noch nicht auf diesem Weg.

Den Gegensatz zwischen oberflächlichem Haben und dem als wesentlich erkannten Sein haben zahlreiche Religionen – dazu zähle ich auch weltliche Religionen, wie sie in den sechziger, siebziger und achtziger Jahren modern waren – immer wieder durch das Ideal der Besitzlosigkeit aufzulösen versucht. So gehen etwa die abendländischen Bettelorden, die im 13. Jahrhundert als Reformorden in bewusstem Gegensatz zu den als reich empfundenen Gemeinschaften der Benediktiner oder Zisterzienser über die Forderung, auf persönlichen Besitz zu verzichten, hinaus und lehnen auch für ihre Gemeinschaften jeglichen Besitz ab. Als die vier Bettelorden des Mittelalters bezeichnet man die Dominikaner, Franziskaner (mit den Abspaltungen etwa der Kapuziner), Karmeliter und Augustiner-Eremiten. Kein Besitz sollte sie von den eigentlichen Aufgaben des Seins ablenken.

Ich kann diesen Gedanken gut nachvollziehen. Als Benediktiner in Kloster Andechs war ich persönlich zwar auch mittellos. Benedikt ermahnt den Abt des Klosters auch: »Wegen des vielleicht allzu geringen Klostervermögens soll er sich nicht beunruhigen; vielmehr bedenke er das Wort der Schrift: ›Sucht zuerst das Reich Gottes und seine Gerechtigkeit, und dies alles wird euch dazugegeben.‹« Allerdings sind Benediktinerklöster alles andere als arm. Die Gemeinschaft in Andechs besitzt das bekannte Kloster, landwirtschaftliche Flächen, die erfolgreiche Klosterbrauerei, große Kunstschätze. Die Gemeinschaft ist reich, doch dieser Reichtum dient allein dem Unterhalt des Ordens – er ist nicht verwertbar, sondern Verpflichtung für das Vergangene, für das kulturelle Erbe des Klosters. Die Gemeinschaft würde ihre Existenzberechtigung verlieren, wenn sie durch ihren Reichtum tatsächlich reich werden wollte. Andechs hat 2005 das 550jährige Jubiläum gefeiert: Zu diesen Anlass haben wir nicht nur den berühmten »Andechser Himmel«, restauriert, sondern die gesamte Klosterkirche, die in einem recht schlechten Zustand war. Außerdem konnten wir eine neue Orgel anschaffen. Diese Investitionen wären ohne die erheblichen Einnahmen aus den Wirtschaftsbetrieben des Klosters nicht möglich gewesen. Wir mussten mit der Brauerei und ihrer Vermarktung erfolgreich sein, um das Kloster zu erhalten.

Was will ich mit diesem kurzen Rückblick in meine Andechser Zeit sagen? Ein Kriterium für die Beurteilung von Reichtum ist sicherlich die Frage, was macht der Reiche damit, wie geht er damit um? Wird er der Verantwortung, der Verpflichtung seines Reichtums gerecht? Die Rechtswissenschaft nennt diesen Gedanken »Sozialbindung des Eigentums«, also eine juristisch zu fassende Verpflichtung der Habenden für die Nicht- oder die Weniger-Habenden. Ich möchte diesen Gedanken persönlicher, auf das eigene Leben bezogen fassen und nicht nur auf materielles Haben, sondern auch auf beruflichen Erfolg, Ämter, Privilegien, hervorgehobene Positionen, persönliche Vorzüge ausweiten.

Wie aber fühlen wir uns, wenn wir neiden, missgönnen, gieren? Das Ziel dessen, was wir da erstreben, sei ein gutes, denken wir, aber fühlen wir uns gut dabei? Den glücklichen Neider gibt es nicht, im Gegenteil: Neid, Missgunst, Eifersucht, auch die Gier machen krank und schaden den Menschen. Nicht umsonst zählt die katholische Kirche Neid seit dem 6. Jahrhundert zu den sieben Hauptsünden. In diesem Sinn geht es bei der Armut als Ordensideal oder im Vergleich des Reichen mit dem Kamel nicht um die Idealisierung von Not oder Mangel, sondern um ein konkretes Mehr an Leben, um ein Reicherwerden an Freiheit – im Loslassen der Dinge und Ansprüche, die uns gefangen halten. Benedikt von Nursia ermahnt in seiner Regel den Abt des Klosters – eine Position übrigens, die auch Mönche zu Neid veranlasst –, stets daran zu denken, dass er die Aufgabe übernommen hat, Menschen zu führen, für die er einmal Rechenschaft ablegen muss.

Wie sehr Reichtum bindet, habe ich versucht an den wirtschaftlichen Aktivitäten des Andechser Klosters zu zeigen. Sehen wir hier aber von geldwertem Reichtum ab. Mehr Lebensqualität kann auch darin bestehen, die eigenen Grenzen anzuerkennen, nicht aus Zwang, sondern freiwillig, großmütig und gern. Gewinn durch Verzicht also. Wenn Benedikt von Besitzlosigkeit und Demut, einem heute vielfach verkannten Wert, spricht, dann geht es ihm darum, dass in der Freiheit des Loslassenkönnens, des Verzichts auf bestimmte Lebensmöglichkeiten, Ausdrucksformen, Ideen und Ideale der eigentliche, oft ungeahnte Reichtum des Lebens liegt.

Ahnen wir heute eigentlich noch, dass es durchaus möglich sein kann, sich selbst zu verwirklichen, indem man sich zurücknimmt? Wissen wir noch, dass das Wesentliche des Lebens eben nicht darin besteht, alles zu tun, was wir tun möchten und tun könnten? Dies alles hat nichts mit Einschränkung und Minderung zu tun, viel aber mit wahrer Freiheit und mit Verantwortung. Vielleicht brauchen wir heute eine neue Befreiung von der Selbstsucht – hinein in eine neue Freiheit in Gebundenheit und Verantwortung. Nur wer auch loslassen kann, ist innerlich frei für sich selbst. Nur, wer sich selbst loslassen kann, ist auch in der Lage, sich selbst zu überschreiten. Festhalten bindet, loslassen befreit. Zu diesem Thema liefert uns das Alte Testament eine atemberaubende Geschichte, die in dramatischer Weise verdeutlicht, dass es nicht ums tatsächliche Loslassen, sondern ums Loslassenkönnen geht, gerade auch des Wertvollsten.

> *Nach diesen Geschichten versuchte Gott Abraham und sprach zu ihm: Abraham! Und er antwortete: Hier bin ich. Und er sprach: Nimm Isaak, deinen einzigen Sohn, den du lieb hast, und geh hin in das Land Morija und opfere ihn dort zum Brandopfer auf einem Berge, den ich dir sagen werde. Da stand Abraham früh am Morgen auf und gürtete seinen Esel und nahm mit sich zwei Knechte und seinen Sohn Isaak und spaltete Holz zum Brandopfer, machte sich auf und ging hin an den Ort, von dem ihm Gott gesagt hatte. Am dritten Tage hob Abraham seine Augen auf und sah die Stätte von ferne und sprach zu seinen Knechten: Bleibt ihr hier mit dem Esel. Ich und der Knabe wollen dorthin gehen, und wenn wir angebetet haben, wollen wir wieder zu euch kommen. Und Abraham nahm das Holz zum Brandopfer und legte es auf seinen Sohn Isaak. Er aber nahm das Feuer und das Messer in seine Hand; und die beiden gingen miteinander. Da sprach Isaak zu seinem Vater Abraham: Mein Vater! Abraham antwortete: Hier bin ich, mein Sohn. Und er sprach: Siehe, hier ist Feuer und Holz; wo ist aber das Schaf zum Brandopfer? Abraham ant-*

wortete: Mein Sohn, Gott wird sich ersehen ein Schaf zum Brandopfer. (...) Und als sie an die Stätte kamen, die ihm Gott gesagt hatte, baute Abraham dort einen Altar und legte das Holz darauf und band seinen Sohn Isaak, legte ihn auf den Altar oben auf das Holz und reckte seine Hand aus und fasste das Messer, dass er seinen Sohn schlachtete.

Da rief ihn der Engel des Herrn vom Himmel und sprach: Abraham! Abraham! Er antwortete: Hier bin ich. Er sprach: Lege deine Hand nicht an den Knaben und tu ihm nichts; denn nun weiß ich, daß du Gott fürchtest und hast deines einzigen Sohnes nicht verschont um meinetwillen. Da hob Abraham seine Augen auf und sah einen Widder hinter sich in der Hecke mit seinen Hörnern hängen und ging hin und nahm den Widder und opferte ihn zum Brandopfer an seines Sohnes Statt. *(1 Mos 22,1 ff.)*

IV. Zum Schlafengehen
Vom falschen Armutsideal

Ich komme noch einmal zurück auf den Vergleich des Reichen mit dem Kamel vor dem Nadelöhr. Ist es tatsächlich so einfach? Öffnet sich, wer auf materielle Güter verzichtet, automatisch den wesentlichen Dingen seines Lebens? Muss der Millionär wirklich alles verschenken, um ins Himmelreich einzugehen, oder zu sich selbst zu finden? Wieso soll jemand nicht sehr gut verdienen und ebenso leben, wenn er davon innerlich auch lassen kann?

Ich finde, man kann das Ideal der Besitzlosigkeit, wie es die Bettelorden gelebt haben und leben, gut auf unsere persönliche Lebensführung übertragen, ohne den materiellen Besitz zu verteufeln. Ebenso wenig wie materieller Reichtum ein Wert an sich ist, kann es schließlich materielle Armut sein.

Eine rein äußerliche Beurteilung greift hier nicht. Entscheidend ist die Haltung, die dahintersteht: Sieht der Reiche den Sinn seines Reichtums darin, in Selbstherrlichkeit zu protzen, sein Haben zur Schau zu stellen? Oder verwendet er ihn mit großer Verantwortung und zum Wohl auch anderer? Kann er hergeben und loslassen? Worum dreht sich sein Denken und Streben? Und was treibt den Armen? Erkennt er seine Grenzen an und freut sich mit dem Habenden? Wertschätzt er das, was auch er hat, in Demut? Ich verwende hier bewusst diesen etwas antiquiert klingenden Begriff. Demut nämlich ist keine Schwäche, sondern Stärke. Sie ist die Fähigkeit, sich zurücknehmen zu können, ohne sich zu verbiegen. Sie ist die mutige Selbsterkenntnis der eigenen Grenzen, die wir nicht – vor allem nicht vor uns selbst – hinter wirklichen oder vermeintlichen Stärken zu verstecken brauchen. Sie ist die Kraft, sich von einem anderen, sei es ein Mensch oder Gott selbst, etwas sagen zu lassen, um dadurch mehr zu uns selbst hin zu wachsen. Sie ist auch die Kraft, sich mit anderen zu freuen, wenn diese mehr haben oder sind. Demut macht den Menschen nicht klein, sondern groß. Benedikt widmet diesem nicht leichten Wachstumsprozess das ganze 7. Kapitel seiner Regel.

Vor dem Ideal der Demut lässt sich der scheinbare Widerspruch zwischen Haben und Sein leicht auflösen. Viel wichtiger nämlich ist der Unterschied zwischen dem Was und dem Wie. Es geht also nicht darum, was jemand hat, sondern wie er mit dem, was er hat, umgeht. Das gilt auch im Negativen: Wie verhält sich der, der nichts, weniger oder nicht das hat, was er sich eigentlich erträumt hat? Die persönliche Haltung hinter dem Haben ist also entscheidend. Und für die ist tatsächlich, anders als beim vordergründigen Besitz, glücklicherweise jeder selbst verantwortlich.

Ein Ideal:
Reich sein ohne zu protzen.
Arm sein ohne zu neiden.
Nicht haben und trotzdem gönnen.
Haben und hergeben.

NEUNZEHNTER TAG

Eifersucht

I. Zum Morgen
Was ist Eifersucht?

Eifersucht ist eine Leidenschaft, die mit Eifer sucht, was Leiden schafft.

Ich finde, in dieser sprichwörtlichen Redensart ist die Eifersucht auf eine gute Formel gebracht: Eifersüchtige Menschen wollen die emotionale Zuwendung einer Person für sich allein besitzen. Sie haben Angst vor tatsächlichen oder vermeintlichen Konkurrenten, die in ihren Augen ihre Zweierbeziehung zerstören. Meistens geht es um Liebesbeziehungen, man kennt Eifersucht aber auch unter Geschwistern, zwischen Vater, Mutter und Kind und auch in beruflichen Konstellationen.

Eifersucht ist ein Paradebeispiel dafür, wie eng Körper und Seele zusammenhängen. Wie eine Stichflamme kann sie hochschießen und uns förmlich in Flammen setzen. Man ist schweißgebadet, der Magen verkrampft sich, das Herz rast, man glaubt, keine Luft mehr zu bekommen. Man ist nicht mehr imstande, an etwas anderes zu denken. Viele glauben verrückt zu werden. Manche werden es. Eine solche Eifersucht wird für eine Partnerschaft zur Qual. Der eine fühlt sich hintergangen, der andere ungerecht behandelt oder angekettet. Ein Teufelskreis, der oft zu heftigen Auseinandersetzungen, Krisen oder gar zur Trennung führt.

Ein bisschen aber ist ja ganz schön, höre ich immer wieder, und auch Sigmund Freud schrieb: »Die Eifersucht gehört zu den Affektzuständen, die man ähnlich wie die Trauer als normal bezeichnen darf. Wo sie im Charakter und im Benehmen eines Menschen zu fehlen scheint, ist der Schluss gerechtfertigt, dass sie einer starken Verdrängung erlegen ist und darum im unbewussten Seelenleben eine umso größere Rolle spielt.« Ich zweifle daran, ob man mit Freud bei der Eifersucht die Frage nach dem rechten Maß stellen kann oder ob nicht dieses Gefühl grundsätzlich dem Menschen schadet und nicht einmal im rechten Maß bekömmlich ist – gleichgültig wie Männer oder Frauen damit umgehen. Männer neigen oft dazu, ihre Eifersucht zu leugnen und versuchen, einen Ausgleich für ihr beschädigtes Selbstwertgefühl zu schaffen: im Sport, im Beruf, mit Hilfe von Alkohol. Sie sehen die Ursachen statt in eigenen Fehlern primär in äußeren Bedingungen wie etwa einem Rivalen. Frauen dagegen suchen die Ursache für ein befürchtetes oder tatsächliches Abwenden des Partners eher bei sich und entwickeln Schuldgefühle. Ich glaube, dass weder die Verinnerlichung der Eifersucht bei Frauen noch die Wendung nach außen bei Männern die richtige Herangehensweise ist.

II. Zum Mittag
Von der Liebe

Da sagte Almitra: Sprich uns von der Liebe. Und er hob den Kopf und sah die Menschen, und es kam eine Stille über sie. Und mit lauter Stimme sagte er: Wenn die Liebe dir winkt, folge ihr, sind ihre Wege auch schwer und steil. Und wenn ihre Flügel dich umhüllen, gib dich ihr hin, auch wenn das unterm Gefieder versteckte Schwert dich verwunden kann.

Und wenn sie zu dir spricht, glaube an sie, auch wenn ihre Stimme deine Träume zerschmettern kann wie der Nordwind den Garten verwüstet. Denn so, wie die Liebe dich krönt, kreuzigt sie dich. So wie sie dich wachsen lässt, beschneidet sie dich. So wie sie emporsteigt zu deinen Höhen und die zartesten Zweige liebkost, die in der Sonne zittern, steigt sie hinab zu deinen Wurzeln und erschüttert sie in ihrer Erdgebundenheit.

Wie Korngarben sammelt sie dich um sich. Und drischt dich, um dich nackt zu machen. Sie siebt dich, um dich von deiner Spreu zu befreien. Sie mahlt dich, bis du weiß bist. Sie knetet dich, bis du geschmeidig bist; und dann weiht sie dich ihrem heiligen Feuer, damit du heiliges Brot wirst für Gottes heiliges Mahl.

Und all dies wird die Liebe mit dir machen, damit du die Geheimnisse deines Herzens kennen lernst und in diesem Wissen ein Teil vom Herzen des Lebens wirst. Aber wenn du in deiner Angst nur die Ruhe und die Lust der Liebe suchst, dann ist es besser für dich, deine Nacktheit zu bedecken und vom Dreschboden der Liebe zu gehen. In die Welt ohne Jahreszeiten, wo du lachen wirst, aber nicht dein ganzes Lachen, und weinen, aber nicht all deine Tränen.

Liebe gibt nichts als sich selbst und nimmt nichts als von sich selbst. Liebe besitzt nicht, noch lässt sie sich besitzen; denn die Liebe genügt der Liebe. Wenn du liebst, solltest du nicht sagen: »Gott ist in meinem Herzen«, sondern: »Ich bin in Gottes Herzen.« Und glaube nicht, du kannst den Lauf der Liebe lenken, denn die Liebe, wenn sie dich für würdig hält, lenkt deinen Lauf.

(Khalil Gibran: Der Prophet)

III. Zum Abend
Was steckt hinter der Eifersucht?

Immer wieder wird behauptet, dass man am Grad der Eifersucht den Grad der Liebe festmachen kann. Manche fühlen sich sogar geschmeichelt, wenn ein anderer ihretwegen eifersüchtig ist. Ein Trugschluss, glaube ich, denn Eifersucht drückt eher den Grad der Besitzorientierung und der Verlustangst aus als der Liebe. Eine gesunde Liebe kann nur entstehen, wenn man sich gegenseitig einen gewissen Grad an Autonomie zugesteht. Liebe ist kein statischer Zustand, der konserviert werden kann.

Was also steckt hinter Eifersucht? In meinen Augen erlebt der Eifersüchtige eine Verletzung des Selbstwertgefühls, das Gefühl, ausgeschlossen zu sein. Er fühlt sich innerlich verwundet, zurückgesetzt, unbedeutend. Ein junger Mann erzählte mir davon, dass er immer sehr barsch reagiere, wenn seine Freundin einige Male im Jahr mit anderen Bekannten oder Arbeitskollegen richtig Spaß hat. Die beiden führen nach Auskunft beider und nach meinem Eindruck eine sehr harmonische offene und bereichernde Beziehung. Er ist eher der rationale, ordentliche, intellektuelle, durchaus aber auch sehr humorvolle und selbstironische Typ. Sie dagegen ist ein eher impulsiver, kreativer Gefühlsmensch. Die beiden ergänzen und bereichern sich in vielerlei Hinsicht, doch ab und an benötigt sie Raum nur für sich, ohne ihn, unvernünftig, wie sie gerne und er nie ist. Sie nimmt dann jede Einladung an, feiert bis in die frühen Morgenstunden, ohne dass irgendeine Gefahr für die Beziehung besteht. Sie gönnt sich so, einige Male im Jahr, etwas, das ihr Freund ihr so nicht bieten kann, das sie mit ihm aber auch nicht benötigt. Er weiß das, findet es rational auch in Ordnung, dennoch kann er, wenn es wieder soweit ist, aus seiner Eifersucht nicht heraus. Er ist eifersüchtig darauf, dass sie Glücksmomente ohne ihn hat. Er kann dann nicht schlafen, ruft sie um zwei Uhr nachts auf dem Handy an und fragt nach, wann sie denn komme, macht ihr ein schlechtes Gewissen, indem er einige Tage lang griesgrämig ist. Seine Eifersucht hat ihn im Griff.

Was treibt diesen jungen Mann? Ich bin mir sicher, die Angst vor der Freiheit seiner Partnerin. Eifersucht ist ja eng mit Neid verwandt. Beide Gefühle beziehen sich auf einen anderen Menschen, den der Eifersüchtige zu haben oder zu besitzen glaubt. Eifersucht ist die Angst davor, diesen Besitz, insbesondere das Geliebte, hergeben zu müssen. Angst vor Verlust gibt es auch in anderem Zusammenhang: vor Verlust des Vermögens, des Arbeitsplatzes, der Existenz. Eines aber ist beim geliebten Menschen anders: Der Eifersüchtige fürchtet sich vor dessen autonomer Entscheidung. Was für eine Liebe aber ist das, wenn ich die Entscheidung, somit die Souveränität, die Person des Geliebten fürchte? Weil auf dieser Art von Liebe meines Erachtens nichts Gutes aufbauen kann, zweifle ich daran, dass Eifersucht in maßvoller Form ein Normalzustand der Liebe sei. Eher verhält es sich so, wie es Khalil Gibran in seinem 1926 erschienen Buch »Der Prophet« beschrieben hat. Ich finde, dieser Text zeichnet sich durch tiefe Lebensweisheit aus und zählt für mich zum Schönsten, was über Liebe geschrieben wurde.

IV. Zum Schlafengehen
Die Angst vor der Freiheit des anderen

Es ist die eigene Schwäche, die eigene Verletzlichkeit, die eigene Unsicherheit und Ungeduld, die Eifersucht hervorruft. Die Erkenntnis und Bekämpfung von Eifersucht muss also beim Eifersüchtigen selbst beginnen. Er muss sich fragen, wieso er sich so fühlt, wie er sich fühlt:

- Warum fühle ich mich verletzt?
- Was ist der Grund dafür, dass ich so unsouverän reagiere?
- Wieso verunsichert mich die Freiheit des anderen?

Ich lese in Zeitschriften und Ratgebern immer wieder, die beste Hilfe gegen Eifersucht sei Ich-Stärke und Selbstbewusstsein. Menschen, die ihren eigenen Wert kennen und wissen, dass sie anziehend wirken, neigten weniger zur Eifersucht, heißt es da. Das mag theoretisch richtig sein, doch wie kann ein nicht ganz so selbstbewusster Mensch Ich-Stärke herbeizaubern? Klar kann sich jeder ändern, manchmal bin ich überrascht, wie sehr sich sogar ältere Menschen noch hinterfragen und weiterentwickeln. Doch der Normalfall dürfte das nicht sein. Das soll nicht pessimistisch klingen und dem guten Vorsatz seine Umsetzbarkeit absprechen. Doch Wendungen um 180 Grad habe ich wenige gesehen.

Sinnvoller erscheint mir deshalb, dass sich der Eifersüchtige klar macht, was er tun kann und was nicht. Der junge Mann kann tatsächlich nicht das Party-Bedürfnis seiner Freundin zufrieden stellen. Er kann es aber liebevoll akzeptieren und geschehen lassen. Gefühle sind Fakten, die auch der Partner akzeptieren sollte. Sie dürfen den Partner aber nicht gefangen nehmen. Das wäre emotionale Erpressung, und genau das ist Eifersucht meistens.

Alle Betroffenen – die Eifersüchtigen wie die Eifersuchtsopfer – würden viel weniger leiden, wenn der Eifersüchtige den Satz über die Lippen bringen könnte: »Ich bin eifersüchtig. Ich habe Angst, Dich zu verlieren.« Selbst die extremste Eifersucht würde dadurch an Schärfe verlieren. Der Eifersüchtige wäre nicht mehr allein mit seinen Ängsten und er würde gleichzeitig dem Partner eine plausible Erklärung für sein Verhalten geben. Doch so wenige Menschen Neid eingestehen, so wenige bekennen sich zu ihrer Eifersucht. Zwar wird auch die ehrliche Erkenntnis und deren Bekenntnis die Eifersucht nicht völlig aus der Welt schaffen. Doch jeder weiß dann zumindest, woran er ist – und die Gefühlslage ist nicht länger diffus.

Im Übrigen, denke ich, darf man die Eifersucht, wie alle Schattenseiten unserer menschlichen Psyche, nicht nur verteufeln, wenn man mit ihr klarkommen will. In einer Bibelübersetzung heißt es in der Begründung des ersten Gebots, keine anderen Götter zu verehren: »Denn ich bin ein eifersüchtiger Gott.« Es ist also eine Eigenschaft, die sogar Gott sich selber zuschreibt.

Auch Shakespeares Othello ist ein von seinen Leidenschaften getriebenes Wesen. Bei ihm führt die heimtückisch geschürte Eifersucht zu wahrem Rasen und Wüten, zur Vernichtung der geliebten Frau, am Ende zu seiner Selbstvernichtung. Ich glaube, das wichtigste Hilfsmittel ist, aus sich herauszutreten und die Wildheit des Gefühls von außen zu betrachten, dazu zu stehen und darüber gleichzeitig leidenschaftlich und distanziert reden zu lernen. Diese Leidenschaft, wie alle anderen Ausdruck einer Sorge, ist zu zügeln und zu bändigen, an ihr und mit ihr ist zu arbeiten, damit sie die Liebe nicht zerstört.

ZWANZIGSTER TAG

Wahrheit und Wahrhaftigkeit

I. Zum Morgen
Die Schwierigkeit der Wahrheitsfindung

Einst hielten sich bei Savatthi viele Asketen und Brahmanen, Anhänger verschiedener Richtungen, auf. Sie vertraten verschiedene Lehren, glaubten an verschiedene Ansichten und fanden an verschiedenen Meinungen Gefallen. Sie stritten miteinander, zankten, schlugen sich gegenseitig und griffen einander mit scharfen Worten: »So ist die Wahrheit, die Wahrheit ist nicht so; ja, nicht so ist die Wahrheit, die Wahrheit ist so …«

Ihr Mönche, es sind blinde Asketen, sie merken nicht, was wichtig und notwendig ist und was nicht wichtig ist, sie erkennen nicht, was die Wahrheit ist und was nicht die Wahrheit ist. Deswegen streiten sie miteinander, zanken, schlagen sich gegenseitig und greifen einander mit scharfen Worten.

Es ist mit ihnen wie mit den Blindgeborenen, die der damalige König von Savatthi zusammenrufen ließ. Der König befahl einem seiner Leute: »Zeige ihnen einen Elefanten!«

Einigen der Blindgeborenen zeigte er den Kopf des Elefanten, anderen das Ohr des Elefanten, anderen seinen Zahn, anderen seinen Rüssel, anderen seinen Rumpf, wieder anderen seinen Fuß, anderen sein Hinterteil, anderen seinen Schwanz; den letzten zeigte er das haarbedeckte Ende des Schwanzes.

Und der König fragte die Blindgeborenen: »Habt ihr euch den Elefanten angesehen?«

»Ja, Herr, wir haben uns den Elefanten angesehen.«

»Nun, beschreibt mal, wie ein Elefant aussieht!«

Die Blindgeborenen, die den Kopf des Elefanten berührt hatten, sagten: »Wie ein Worfel ist der Elefant.«

Die Blindgeborenen, die den Zahn des Elefanten berührt hatten, sagten: »Der Elefant ist wie eine Pflugschar.«

Diejenigen von ihnen, die den Rüssel des Elefanten berührt hatten, sagten: »Wie eine Stange am Pflug ist der Elefant.«

Diejenigen, die aber den Rumpf des Elefanten berührt hatten, sagten: »Der Elefant ist wie ein Kornspeicher.«

Die Blindgeborenen, die den Fuß des Elefanten berührt hatten, sagten: »Der Elefant ist wie ein Pfeiler.«

Diejenigen, die das Hinterteil des Elefanten berührt hatten, sagten: »Der Elefant ist wie ein Mörser.«

Diejenigen, die den Schwanz des Elefanten berührt hatten, sagten: »Der Elefant ist wie eine Keule.«

Diejenigen endlich, die das Schwanzende des Elefanten berührt hatten, sagten: »Wie ein Besen ist der Elefant.«

Es erhob sich lautes Geschrei, und die Blindgeborenen griffen einander mit Fäusten und Händen und schrien reihum: »So ist der Elefant, der Elefant ist so; nein, der Elefant ist so, nicht so ist der Elefant …«

Der König war bei diesem Spektakel ergötzt und zeigte sich sehr amüsiert.

So ist es, ihr Mönche, mit den Asketen und Brahmanen, die verschiedenen Richtungen anhangen. Blind sind sie, sie merken nicht, was wichtig und notwendig ist und was nicht wichtig ist, sie erkennen nicht, was die Wahrheit ist was nicht die Wahrheit ist. Sie streiten miteinander, zanken, schlagen sich gegenseitig und greifen einander mit scharfen Worten.

Ja, manche Asketen und Brahmanen klammern sich an ihre Lehrmeinungen. Es streiten doch miteinander und widersprechen einander nur die Menschen, die lediglich einen Teil der ganzen Wahrheit sehen.

(Gautama Buddha, Udana)

Wenn wir uns also auf die Suche nach der objektiven Wahrheit machen und uns nicht mit der subjektiven der armen Asketen und Brahmanen aus der Geschichte begnügen, sind wir bei einem Thema, das die Philosophie seit ihren Ursprüngen immer wieder beschäftigt hat: Inwieweit können wir Aussagen über die Welt machen, und inwiefern können wir uns sicher sein, dass sie wahr sind? Aristoteles schrieb dazu folgendes:

> *Von etwas, das ist, zu sagen, dass es nicht ist, oder von etwas, das nicht ist, dass es ist, ist falsch; während von etwas, das ist, zu sagen, dass es ist, oder von etwas, das nicht ist, dass es nicht ist, wahr ist.*

Diese Feststellung des Philosophen mag uns lapidar erscheinen, doch tatsächlich liegt das Problem der Wahrheitsfindung in unserer beschränkten Fähigkeit zu erkennen, was tatsächlich ist und was nicht. Das hat damit zu tun, dass wir die meisten Urteile aufgrund unserer Erfahrungen, unserer Sinneseindrücke bilden. Wir denken, die Welt sei so, wie wir sie wahrnehmen. Tatsächlich aber gibt uns der Blick durch unsere Sinne nur einen ganz kleinen Teil der Wahrheit zu erkennen. Oft sogar einen anderen als den, den die Sinne anderer Menschen liefern: Nehmen wir die Temperatur, ein scheinbar absolutes Maß, eine absolute Wahrheit. Meteorologen haben jedoch längst den Begriff der »gefühlten Temperatur« eingeführt. Oder die Lautstärke: Was dem einen zu laut ist, ist dem anderen viel zu leise. Wie laut ist also laut? Man kann diese Reihe fortsetzen: Obwohl wir nur einen ganz geringen Bereich des Lichtspektrums sehen, trauen wir unseren Augen mehr als allen anderen Sinnen.

Selbst wenn man die Erscheinungen der Natur nicht mit subjektiven Sinnen, sondern mit objektiven Messmethoden zu erfassen versucht, scheitert die Wissenschaft an einer allumfassenden, absoluten Wahrheit. Das Licht zum

Beispiel verhält sich in manchen Experimenten wie eine Welle, in anderen wie Teilchen. Eine absolute Wahrheit oder Theorie des Lichts gibt es nicht. Ein weiteres Beispiel: Es ist keineswegs ausgemacht, ob unser Universum sich unendlich ausdehnt oder ab einem bestimmten Punkt wieder in sich zusammenstürzen wird. Oder die Relativitätstheorie Albert Einsteins – ein großartiges theoretisches Gebäude, das die Bewegungen großer schnell bewegter Körper erklärt und bis heute nichts von seiner Gültigkeit eingebüßt hat. Leider passt sie nicht zur Theorie über sehr kleine Körper, Teile von Atomen, der Quantenmechanik. Auch die Wahrheit der Physik bleibt bislang eine relative, auch die Wissenschaft tut sich schwer, verbindliche absolute Aussagen über unsere Welt zu treffen.

II. Zum Mittag
Verstand

Unser wichtigstes Werkzeug, um der Wahrheit nahe zu kommen, ist der Verstand. Immanuel Kant hat 1784 einen großartigen Appell verfasst, um uns zu ermahnen, den Verstand zu gebrauchen, der uns Menschen von allen anderen Lebewesen unterscheidet und den wir doch viel zu wenig nutzen. Ich möchte diesen bahnbrechenden Aufsatz, der heute so aktuell ist wie vor etwas mehr als zweihundert Jahren, in Auszügen zitieren.

Was ist Aufklärung?

Aufklärung ist der Ausgang des Menschen aus seiner selbst verschuldeten Unmündigkeit. Unmündigkeit ist das Unvermögen, sich seines Verstandes ohne Leitung eines anderen zu bedienen. Selbstverschuldet ist diese Unmündigkeit, wenn die Ursache derselben nicht am Mangel des Verstandes, sondern der Entschließung und des Mutes liegt, sich seiner ohne Leitung eines anderen zu bedienen. Sapere aude! Habe Mut, dich deines eigenen Verstandes zu bedienen! ist also der Wahlspruch der Aufklärung.

Faulheit und Feigheit sind die Ursachen, warum ein so großer Teil der Menschen, nachdem sie die Natur längst von fremder Leitung frei gesprochen (...), dennoch gerne zeitlebens unmündig bleiben; und warum es anderen so leicht wird, sich zu deren Vormündern aufzuwerfen. Es ist so bequem, unmündig zu sein. Habe ich ein Buch, das für mich Verstand hat, einen Seelsorger, der für mich Gewissen hat, einen Arzt, der für mich die Diät beurteilt usw., so brauche ich mich ja nicht selbst zu bemühen. Ich habe nicht nötig zu denken, wenn ich nur bezahlen kann; andere werden das verdrießliche Geschäft schon für mich übernehmen. (...) Es ist also für jeden einzelnen Menschen schwer, sich aus der ihm beinahe zur Natur gewordenen Unmündigkeit herauszuarbeiten. Er hat sie sogar lieb gewonnen und ist vor der Hand wirklich unfähig, sich seines eigenen Verstandes zu bedienen, weil man ihn niemals den Versuch davon machen ließ. Satzungen und Formeln, diese mechanischen Werkzeuge eines vernünftigen Gebrauchs oder vielmehr Missbrauchs seiner Naturgaben, sind die Fußschellen einer immerwährenden Unmündigkeit. Wer sie auch abwürfe, würde dennoch auch über den schmalsten Graben einen nur unsicheren Sprung tun, weil er zu dergleichen freier Bewegung nicht gewöhnt ist. Daher gibt es nur wenige, denen es gelungen ist, durch eigene Bearbeitung ihres Geistes sich aus der Unmündigkeit herauszuwickeln und dennoch einen sicheren Gang zu tun. (...)

Zu dieser Aufklärung aber wird nichts erfordert als Freiheit; und zwar die unschädlichste unter allem, was nur Freiheit heißen mag, nämlich die: von seiner Vernunft in allen Stücken öffentlichen Gebrauch zu machen. Nun höre ich aber von allen Seiten rufen: räsonniert nicht! Der Offizier sagt: räsonniert nicht, sondern exerziert! Der Finanzrat: räsonniert nicht, sondern bezahlt! Der Geistliche: räsonniert nicht, sondern glaubt! (Nur ein einziger Herr in der Welt sagt: räsonniert, so viel ihr wollt, und worüber ihr wollt; aber gehorcht!) Hier ist überall Einschränkung der Freiheit. Welche Einschränkung aber ist der Aufklärung hinderlich? welche nicht, sondern ihr wohl gar beförderlich? – Ich antworte: der öffentliche Gebrauch seiner Vernunft muss jederzeit frei sein, und der allein kann Aufklärung unter Menschen zustande bringen; der Privatgebrauch derselben aber darf öfters sehr enge eingeschränkt sein, ohne doch darum den Fortschritt der Aufklärung sonderlich zu hindern.

Was lehrt uns also die Philosophie? Wir sollen, so gut es uns möglich ist, unseren Verstand nutzen, um die Wahrheit zu erkennen. Gleichzeitig bedenken, wie subjektiv diese Wahrheit doch immer wieder sein kann. Das ist das Schwierige an der Wahrheit: Es gibt die objektive Wahrheit, aber auch subjektive Wahrheiten, und auch die sind wahr.

III. Zum Abend
Von Täuschungen und Enttäuschungen

Man liebt jemanden, sagt ja zu ihm, beginnt ein gemeinsames Leben aufzubauen und will es gemeinsam verbringen, so Gott will. Was zwei Partner sich im Moment der Eheschließung versprechen, ist eine Wahrheit. Freilich oft keine absolute, sondern eine in vielen Fällen mit der Zeit sich verändernde. Man ist enttäuscht, fühlt sich getäuscht. Auch beim Verständnis dieser Begriffe hilft uns die deutsche Sprache auf die Sprünge, wenn man sie beim Wort nimmt: Die Enttäuschung ist die Befreiung von einer Täuschung. Beides bedingt also einander: Enttäuscht kann nur werden, wer vorher getäuscht wurde oder sich getäuscht hat. Getäuscht über etwas, das man als Wahrheit, als gemeinsame Wahrheit ansah, von der man dachte, dass sie absolut sei. Wer schon einmal erlebt hat, wie sich ein geliebter Mensch von einem abwendet und keinem Argument mehr zugänglich ist, wie er einen anderen als den gemeinsamen Weg geht, ohne dass der andere auch nur einen Hauch der Chance hat einzugreifen, der weiß um die Macht, um die Wahrheit des Gefühls.

Ich will damit zeigen, dass es nicht nur eine rational fassbare Wahrheit gibt, für die sich Kant und viele andere interessierten, sondern auch eine emotionale. Das, was zwischen Menschen ist, existiert im aristotelischen Sinn auch. Auch Gefühle sind Fakten – ich betone das, weil sie so oft gegenüber den harten Tatsachen und Argumenten als niederrangig dargestellt werden. Wer Angst hat oder eifersüchtig ist, wer sich unwohl fühlt oder minderwertig, auch wer sich freut, für den sind diese Emotionen ebenso real, ebenso wahr wie die Zahlen auf seinem Gehaltszettel.

IV. Zum Schlafengehen
Wahrhaftigkeit

Mit der Wahrhaftigkeit verhält es sich einerseits leichter, andererseits schwieriger als mit der Wahrheit. Sie stellt nämlich eine direkte Handlungsanleitung für uns dar, wie wir es mit der Wahrheit halten sollen. Ist es richtig, jede Lüge zu meiden, und sich soweit wie nur möglich um Ehrlichkeit und Authentizität zu bemühen? Man könnte erwidern, dass man sich dadurch unnötig angreifbar macht, dass man sich womöglich gar der Gefahr des Exhibitionismus aussetzt, wenn man anderen maximale Ehrlichkeit aufdrängt, ja sie sogar damit verletzt.

Lügen ist doch längst gesellschaftsfähig. Gewiefte Öffentlichkeitsarbeiter in Unternehmen und Behörden geben auf die Frage nach kritischen Sachverhalten nur so viel preis, wie die Journalisten ohnehin wissen, alles weitere verschweigen sie, bis die Presse wieder etwas mehr herausgefunden hat. Geschickte Finanzvorstände und Wirtschaftsprüfer von Unternehmen rechnen die Zahlen einer Bilanz solange hin und her, bis Banken und Aktionäre genau das herauslesen, was sie lesen sollen.

Die Frage der Wahrhaftigkeit heißt also, soweit sie mein Verhalten anderen gegenüber betrifft: Ist Lügen erlaubt? Oder ist es verwerflich, bewusst von der Wahrheit abzurücken? Bei schweren Lügen über folgenreiche Sachverhalte dürfte die Antwort leichter fallen; nehmen wir also ein ganz harmloses Beispiel: Wir begegnen einander morgens im Büro und fragen: Wie geht es Ihnen? Ist der, dem es miserabel geht, gehalten zu lügen und »Danke, gut!« zu antworten? Oder soll, darf, muss er den Kollegen über seinen tatsächlichen Zustand in Kenntnis setzen? Arthur Schopenhauer hat in seiner Preisschrift über die Grundlage der Moral die Lüge zum Schutz der Privatsphäre verteidigt:

> *Denn wie ich das Recht habe, dem vorausgesetzten bösen Willen anderer und der demnach präsumierten physischen Gewalt physischen Widerstand (...) entgegenzustellen, (...) so habe ich auch das Recht, dasjenige auf alle Weise geheim zu halten, dessen Kenntnis mich dem Angriff anderer bloßstellen würde.*

Noch prägnanter formulierte es die Düsseldorfer Philosophin Simone Dietz:

> *Niemand hat allein durch seine Frage schon ein Recht auf Auskunft. Wenn ich, um meine Privatsphäre zu*

schützen, den anderen belüge, verletze ich seine Rechte nicht, ich missachte ihn dadurch auch nicht.

Die Grenze der Privatsphäre variiert natürlich nach dem Grad der Vertrautheit. Das bedeutet: Fremden und Nicht-Vertrauten gegenüber kann man zum Schutz der eigenen Privatsphäre die Unwahrheit sagen. Aus eben diesem Grund dient die Frage »Wie geht es?« in den meisten Fällen als reine Begrüßungsformel – im Englischen im Übrigen noch mehr als im Deutschen. Dort antwortet man auf die Frage »How do you do?« mit »How do *you* do?« Gleichwohl kann sie, manchmal muss sie, wenn die Beziehung der beiden enger ist, tatsächlich ernst gemeint sein und ernsthaft beantwortet werden.

Wie verhält es sich bei den schwerwiegenderen Lügen oder Verschweigungen? Immanuel Kant gibt einen möglichen Weg vor:

Ebenso vollkommen ist die Pflicht, andere nicht durch lügenhafte Versprechen zu täuschen, z. B. Geld zu leihen, das man von vornherein nicht zurückzahlen kann. Andernfalls würde das Institut des Versprechens nicht mehr wirksam sein und vor allem würde der Getäuschte niemals zustimmen. Der Lügner würde den Getäuschten nur als Mittel, nicht aber zugleich als Zweck an sich betrachten.

(Immanuel Kant: Grundlegung der Metaphysik der Sitten)

Eine praktisch nicht minder verwertbare Antwort könnte in der von Simone Dietz vorgeschlagenen Prüfung liegen: Verletze ich die Rechte des anderen oder missachte ich ihn? Dann wäre eine Lüge nicht zu rechtfertigen. Die Kirche formuliert das ähnlich: Durch Lüge darf ich mir oder anderen keinen Schaden zufügen. Vertrauensbruch zum Beispiel wäre meines Erachtens bereits ein beträchtlicher Schaden. Sich selbst freilich sollte man nie belügen. Auch hier sehen wir also, dass es keinen Gegensatz absoluter Gesinnungsethik (»ich darf nie lügen«) und Verantwortungsethik (»ich darf lügen, wenn es der Zweck erlaubt«) geben kann. Beides ist vonnöten.

EINUNDZWANZIGSTER TAG

Trotzdem

Die Leute sind unvernünftig,
unlogisch und selbstbezogen,
liebe sie trotzdem.
Wenn du Gutes tust, werden sie dir
egoistische Motive und Hintergedanken vorwerfen,
tue trotzdem Gutes.
Wenn du erfolgreich bist,
gewinnst du falsche Freunde und echte Feinde,
sei trotzdem erfolgreich.
Das Gute, das du tust, wird morgen
vergessen sein,
tue trotzdem Gutes.
Ehrlichkeit und Offenheit macht dich verwundbar,
sei trotzdem ehrlich und offen.
Was du in jahrelanger Arbeit aufgebaut hast,
kann über Nacht zerstört werden,
baue trotzdem.
Deine Hilfe wird wirklich gebraucht,
aber die Leute greifen dich vielleicht an,
wenn du ihnen hilfst,
hilf ihnen trotzdem.
Gib der Welt dein Bestes,
und sie schlagen dir die Zähne aus,
gib der Welt trotzdem dein Bestes.

(Nach Mutter Theresa)

ZWEIUNDZWANZIGSTER TAG

Zweifel

I. Zum Morgen
Zweifel und Gleichgültigkeit

Als ich letztes Jahr nachts mit dem Taxi in Berlin unterwegs war, Unter den Linden entlang in Richtung Alexanderplatz, sah ich plötzlich in riesigen Lettern großgeschrieben das Wort »ZWEIFEL« in der Ferne leuchten. Es handelte sich um eine Kunstaktion auf dem Dach des früheren Palasts der Republik. Zweifel ist, stellte ich dabei fest, ein sehr starkes Wort, eines, womit wir zuerst Negatives verbinden: Unsicherheit, Misstrauen, Vergänglichkeit, Verzweiflung. Dabei wäre verstandesgemäße Erkenntnis dem Menschen ohne die Hilfe des Zweifels überhaupt nicht möglich. Tatsächlich meint der Begriff Zweifel Unsicherheit in Bezug auf Zustände, Taten, Entscheidungen oder Glauben. Er stammt ab vom althochdeutschen Wort *zwival,* was so viel wie das heute noch gebräuchliche Wort *Zwiespältigkeit* bedeutet.

In der Fähigkeit nach Zwiespältigkeit im Geiste dem gegenüber, was man auf den ersten Blick zu kennen glaubt, kann man den Ursprung und wichtigsten Antrieb der Philosophie sehen. Zwar bezeichnete Aristoteles das Staunen als ihren Ursprung. Dem Staunen über das, was man zu erkennen vermeint, folgt allerdings der Zweifel auf dem Fuße. Er wirft, noch während man staunt, die

Frage auf, ob das, was man für wahr hält, es tatsächlich auch ist. Der Kritik des Zweifels wurde daher seit jeher das Erkannte ebenso unterzogen wie überlieferte Werte und gesellschaftliche Normen.

Die Grundhaltung, die den Zweifel zur Methode macht, nennt man Skepsis. Dieses griechische Wort bedeutet »Umherblicken«. Skepsis ermuntert mich also, die Augen zu öffnen und zu prüfen, ob es nicht auch anderes als das Wahrgenommene, eine andere Sicht auf das Erblickte gibt. Pyrrhon von Elis (365–275 v. Chr.) hat als einer der ersten die Position der Skepsis beschrieben, die fünfhundert Jahre später bei dem Philosophen Sextus Empiricus systematisch dargestellt wurde:

> *Skepsis ist die Kunst, auf alle mögliche Weise erscheinende und gedachte Dinge einander entgegenzusetzen, von da aus wir wegen der Gleichwertigkeit der entgegengesetzten Sachen und Argumente zuerst zur Zurückhaltung, danach zur Seeleruhe gelangen.*

Erstaunlicherweise ist die Seelenruhe für die Skeptiker der Antike das Ziel des Zweifels. Sie sind der Ansicht, dass alle Unruhe aus dem Zwang kommt, die Dinge zu erkennen und zu bewerten, eine Haltung zu ihnen einzunehmen. Das bringt die Menschen in Verwirrung und Angst, denn zu jeder Aussage ist eine gleich starke entgegengesetzte denkbar. Die Skeptiker glauben hingegen, dass, wenn man sich des Urteils enthält und zur Gleichgültigkeit gelangt, die Seelenruhe folgt wie der Schatten dem Körper. Die Skeptiker haben deshalb eine Methode von Entgegensetzung entwickelt, um die Seelenruhe bewusst herbeizuführen. So ist es nach Sextus nicht bestritten, dass Honig süß schmeckt, wohl aber, dass er süß ist. Dies der Aussage »Honig ist süß« entgegengesetzt, macht die Unruhe darüber, ob Honig auch wirklich süß ist, unnötig.

Das Problem für den Skeptiker fängt freilich an, sobald er handeln muss. Denn Handeln erfordert eine Position. Eine, von der man ausgeht und eine, zu der man hin will. Eigentlich müsste sich der Skeptiker des Handelns enthalten. Da dies aber unmöglich ist, soll er sich nach der alltäglichen Lebenserfahrung richten. Dazu gehören neben den Vorgaben der Natur auch die Sitten seiner Umwelt. Indem der Skeptiker sich undogmatisch diesen Vorgaben beugt, kann er sich im Handeln des Urteils enthalten. Skeptizismus im antiken Sinn ist also alles andere als Quertreiberei, er ist Haltungslosigkeit.

II. Zum Mittag
Der konstruktive Zweifel

Erst René Descartes (1596–1650) hat den Zweifel aus der Gleichgültigkeit befreit und ihn zusammen mit der Vernunft in einem der größten aufklärerischen Werke behandelt und damit einen wesentlichen Beitrag zur neuzeitlichen Philosophie geleistet. In seiner »Abhandlung über die Methode des richtigen Vernunftgebrauchs« überträgt Descartes aus der Mathematik entlehnte Methoden auf beliebige Objekte und bezeichnet den Zweifel als Voraussetzung und Ausgangspunkt dafür, um unter Vermeidung aller Vorurteile nur das als wahr anzuerkennen, was sich klar und deutlich erkennen lässt. Problemstellungen sind nach Descartes soweit als möglich in Teile zu zerlegen, vom einfachen Objekt stufenweise bis zum kompliziertesten zu bewältigen sowie durch Aufzählung die Vollständigkeit des Systems sicherzustellen. Das Ziel des vom Zweifel ausgehenden Weges ist, anders als bei den antiken Skeptikern, nicht die Haltungslosigkeit, sondern ein Erkennen und Schlußfolgern von komplexeren Aussagen, die selbst nicht anzuzweifeln sind.

In der ersten seiner »Meditationen über die erste Philosophie« nimmt Descartes, wie er selbst einräumt, den Umsturz aller seiner Meinungen vor und kommt für die europäische Geistesgeschichte zu einer bahnbrechenden Erkenntnis. Um zum Unbezweifelbaren vorzudringen, klammert er zunächst alle Erkenntnisse aus, die ihm die Sinne vermitteln, dann auch Erkenntnisse der Arithmetik, Geometrie und vergleichbarer Wissenschaften, die von allgemeinen Dingen handeln. Descartes zieht alle Erkenntnis radikal in Zweifel und fragt: »Wäre es nicht sogar möglich, dass ich mich irre, sooft ich zwei und drei addiere?« Er hält es grundsätzlich für möglich, dass Gott oder ein böser oder listiger Geist den Menschen in allem täuschen wolle, selbst in dem, was er für klar ersichtlich hält. In der zweiten »Meditation« nun nennt Descartes einen Punkt, der von dem, was er in der ersten methodisch angezweifelt hat, verschieden ist und keinen Anlass zu Zweifeln bietet, da selbst ein möglicherweise betrügender Gott ihn in diesem Punkt nicht täuschen kann:

> *Zweifellos bin also auch Ich, wenn er mich täuscht; mag er mich nun täuschen, so viel er kann, so wird er doch nie bewirken können, dass ich nicht sei, solange ich denke, ich sei etwas. Nachdem ich so alles genug und übergenug erwogen habe, muss ich schließlich festhalten, das der Satz »Ich bin, Ich existiere«, sooft ich ihn ausspreche oder im Geiste auffasse, notwenig wahr sei.*

Und an anderer Stelle schreibt er:

> *Alsbald machte ich die Beobachtung, dass während ich so denken wollte, alles sei falsch, doch notwendig ich, der das dachte, irgend etwas sein müsse, und da ich bemerkte, dass diese Wahrheit »ich denke, also bin ich« so fest und sicher wäre, dass auch die (...) Skeptiker sie nicht zu erschüttern vermöchten, so konnte ich sie meinem Dafürhalten nach als das erste Prinzip der Philosophie, die ich suchte, annehmen.*

Das Selbstbewusstsein des Subjekts ist also das unverrückbare, nicht bezweifelbare Fundament, auf dem Descartes alle weitere Philosophie aufbauen will. Im zweifelnden Denken erfährt Descartes sich selbst als existierend. Damit hat er einen Fixpunkt gefunden, von dem er ausgehen kann. Zweifel hat ihn zu einem festen Standpunkt geführt, nicht zu Leere, Relativismus oder Belanglosigkeit – das halte ich für ganz wichtig: Ich denke, also bin ich!

Dieses unzweifelhafte Ich wäre aber in der Gewissheit des Selbstbewusstseins gefangen, wenn es nicht den durch

Zweifel zerstörten Bezug zur Außenwelt wieder herstellte. Die Leitfrage der dritten »Meditation« lautet deshalb, wie sich auf das Bewusstsein vom denkenden Ich sichere Erkenntnis aufbauen lässt. Descartes untersucht daher das Ich, das ihm aus dem Zweifel bleibt, und kennzeichnet es als *res cogitans* – das denkende Ding –, ein Ding, »das zweifelt, einsieht, bejaht, verneint, will, nicht will, als auch bildlich vorstellt und empfindet«. Er kommt, ausgehend von diesem unbezweifelbaren denkenden Ich, sogar zu einem Gottesbeweis, indem er von der Idee Gottes, die er in sich trägt, auf dessen wirkliche Existenz schließt.

> *Zwar habe ich eine Vorstellung von Substanz, weil ich selbst Substanz bin; dies kann aber nicht die Vorstellung von der unendlichen Substanz sein, da ich selbst endlich bin. Eine solche Vorstellung kann nur aus einer wahrhaft unendlichen Substanz hervorgehen.*

Da die Idee eines unendlichen, unabhängigen, allweisen und allmächtigen Wesens nicht von einem Menschen als unvollkommenem Wesen selbst hervorgebracht worden sein kann, folgert Descartes, dass Gott notwendig existiert. Durch diesen Gottesbeweis schließt er auch die Existenz eines betrügenden Gottes aus. Gott kann ihn unmöglich täuschen, da Täuschung in den Bereich des Unvollkommenen gehört und damit der Idee Gottes als vollkommenem Wesen widersprechen würde.

Descartes ist also den Weg des radikalen Zweifels gegangen, der ihn auf das einzig Unzweifelhafte, das denkende Ich, zurückgeführt hat. Darauf aufbauend gelingt es ihm, selbst sinnliche Wahrnehmungen und die Existenz Gottes logisch zu beweisen, Dinge, die er zu Beginn seines Wegs als zweifelhaft abgelehnt hat.

III. Zum Abend
Vom Zweifel zur Verzweiflung

Der Zweifel brachte Descartes zu Gewissheit über ein großes Gedankengebäude. Die antiken Skeptiker führte der Zweifel zur Gleichgültigkeit. Viele Menschen verzweifeln sprichwörtlich am Zweifel. Als Verzweiflung kann man einen psychischen Extremzustand in einer als aussichtslos empfundenen oder tatsächlich auswegslosen Situation bezeichnen. Die Kunst hat Verzweiflung immer wieder zum Ausdruck gebracht. Ich möchte hier Rilkes berühmtes Gedicht vom Panther im Jardin des Plantes zitieren:

Der Panther

Sein Blick ist vom Vorübergehn der Stäbe
so müd geworden, dass er nichts mehr hält.
ihm ist, als ob es tausend Stäbe gäbe
und hinter tausend Stäben keine Welt.

Der weiche Gang geschmeidig starker Schritte,
der sich im allerkleinsten Kreise dreht,
ist wie ein Tanz von Kraft um eine Mitte,
in der betäubt ein großer Wille steht.

Nur manchmal schiebt der Vorhang der Pupille
sich lautlos auf –. Dann geht ein Bild hinein,
geht durch der Glieder angespannte Stille –
und hört im Herzen auf zu sein.

(Rainer Maria Rilke)

Die Verzweiflung kann tatsächlich, wie beim Panther im Käfig, in einer objektiv aussichtslosen Lage begründet liegen oder in einer lediglich so empfundenen. Der Verzweifelte kann häufig den Unterschied nicht erkennen. Weil die Redensart, wonach Verzweiflung ansteckt, oft zutrifft, scheuen Menschen die nähere Beschäftigung mit dem Verzweifelten. Ich habe immer wieder erlebt, dass Partner, Familie oder Freunde Verzweifelte, wenn deren Zustand länger andauert, eher als Kranke sehen, anstatt sich mit deren Gefühlen auseinander zu setzen. Verzweifelte werden deshalb rasch zum Fall für Psychologen und Psychiater. Verzweiflung heißt dann ganz schnell Depression. Der Philosoph Sören Kierkegaard bezeichnete Verzweiflung sogar als Sünde, weil der Verzweifelte die Hoffnung auf das Selbst, auf Gott und die eigene Erlösung aufgebe.

Das geht mir viel zu weit, dennoch weist Kierkegaards Einschätzung den Weg zum Verständnis dessen, wie Verzweiflung und Zweifel zusammenhängen. Auch Zweifel kann destruktiv oder konstruktiv sein. Wer zweifelt, kann sich – wie Descartes – bemühen, etwas Unzweifelhaftes zu finden und dadurch den Verstand, die eigene Erkenntnis zu schärfen und voranzubringen. Oder er kann, wie die antiken Skeptiker, allem etwas entgegensetzen. Das führt, wie wir gesehen haben, zu Gleichgültigkeit und Leere.

Leere dürfte das vorrangige Gefühl verzweifelter Menschen darstellen. Alles, was ihnen etwas galt, hat seinen Wert, seine Bedeutung verloren: die Liebe zu einem oder die eines Menschen, die materielle Sicherheit, die eigene Gesundheit oder die Lebensperspektive. Verzweiflung ist daher der rein destruktiv empfundene Zweifel, und zwar besonders an Dingen, die für den Menschen einen existenziellen Wert besitzen. Nur daran können Menschen verzweifeln. Eine Genesung von der Verzweiflung dürfte deshalb auch nur möglich sein, wenn der Zweifel zur Neuentdeckung eigener Stärken, einem anderen Lebenshorizont, einer letztendlich unverrückbaren Erkenntnis führt, die man vorher nicht sehen konnte oder mochte. Dann kann man sagen: Ich habe gezweifelt, also bin ich gewachsen.

IV. Zum Schlafengehen
Zweifel, der festigt

Die Aufklärung in der Nachfolge von Descartes hat als Geisteshaltung vor allem am damals (Gott-)Gegebenen gezweifelt. Gott freilich ist heutzutage und hierzulande längst nicht mehr gottgegeben. Als unbezweifelbar erachten wir heute ganz andere Dinge: die Wissenschaft, unsere auf dem Ökonomischen fußende Konsum- und Erlebnisorientierung, die relativierende Liberalität, Ansprüche, Werte und Perspektiven, nach denen man lebt. Ich bin davon überzeugt, dass der wahre Sinn des Zweifels in der Festigung der eigenen Position liegt, auf die man, nicht wie Descartes ein Gedankengebäude, sondern das Leben baut. Zweifel gerade auch an den wesentlichen Dingen, auf denen wir aufbauen wollen, sowie an uns selbst, dient als Korrektiv, ob wir noch auf dem richtigen Weg sind.

Meinem Austritt aus dem Kloster zum Beispiel sind erhebliche Selbstzweifel, auch Zweifel an Gott, vorausgegangen. Es war ein langwieriger, schwieriger Prozess, der am Ende zu meiner Entscheidung führte, die wiederum einen neuen, gefestigten Weg freigab. Der Zweifel hat meinem Leben ein neues Fundament gegeben und eine neue Erkenntnis: die nämlich, dass man Entscheidungen, auch wenn man sie für unabänderlich hält und sie als solche getroffen hat, sehr wohl revidieren kann. Das Kloster ist hier ein Symbol für Lebensentscheidungen. Man kann aus einem Kloster auch wieder austreten. Einen solchen Schritt wird sich niemand leicht machen, doch dass er möglich ist, hat mich erstaunt und weitergebracht.

Mein Zweifel am Kloster hätte auch dazu führen können, dass ich mich meiner Bestimmung als Mönch versichert und mein weiteres Leben mit Freude im Kloster verbracht hätte. *Konstruktiver* Zweifel führt nämlich immer in eine stärkere, weil bereits angezweifelte und als unbezweifelbar hervorgegangene Position. Menschen, die nicht zweifeln wollen oder können, fehlt diese Chance, neue Erkenntnis zu gewinnen.

So ermöglicht auch eine Beziehungskrise, der existenzielle Zweifel an der Liebe des Partners oder der eigenen zum Partner eine neue, reifere Partnerschaft – sei es mit demselben oder einem neuen Partner. Auch der Zweifel am eigenen Selbst, am eigenen Vermögen, kann zur Stärkung desselben führen. Ebenso verhält es sich mit dem Gotteszweifel, der mich selbst im Kloster erschütterte, als mein gesamtes Bild von Gott ins Wanken geriet. Mit den Jahren verlor ich meinen Kinderglauben an den persönlichen Opa-Gott, sah ihn immer weniger als Person und baute nach und nach meine religiöse Überzeugung komplett um. Gott wurde für mich ein anderer. Gerade weil wir mit unserem Verstand Gott nur sehr beschränkt erkennen können, gehört der Zweifel an Gott für Gläubige förmlich zum Wesen von Religion. Man könnte fast sagen: Wer als Gläubiger nicht immer wieder von Zweifeln an Gott gepackt und gefordert wird, glaubt nicht wirklich. Das gilt sogar für Gottes Sohn!

> *Von der sechsten bis zur neunten Stunde herrschte eine Finsternis im ganzen Land. Um die neunte Stunde rief Jesus laut: Eli, Eli, lema sabachtani?, das heißt: Mein Gott, mein Gott, warum hast Du mich verlassen? Einige von denen, die dabeistanden und es hörten, sagten: Er ruft nach Elija. Sogleich lief einer von ihnen hin, tauchte einen Schwamm in Essig, steckte ihn auf einen Stock und gab Jesus zu trinken. Die anderen aber sagten: Lass doch, wir wollen sehen, ob Elija kommt und ihm hilft. Jesus aber schrie noch einmal laut auf. Dann hauchte er den Geist aus.*
> *(Mt 27,46ff.)*

Die Szene, wie Jesus in Todesangst fast verzweifelt, ist für mich eine der stärksten im Neuen Testament. So wie Jesus fühlen sich viele Gläubigen immer wieder von Gott verlassen, nur um ihn wieder neu zu finden, mehr von ihm zu finden. Das ist die Herausforderung wie auch die Chance des Glaubens. Ich wünschte mir, dass nicht nur der Gläubige den Zweifel am Glauben als unausweichliche Normalität akzeptierte, sondern auch andersherum der rein naturwissenschaftlich denkende Mensch. Auch der Atheist muss schon aufgrund unseres beschränkten Erkenntnisvermögens die Möglichkeit in Erwägung ziehen, dass alles auch anders sein kann, und sich fragen, ob es nicht doch einen über das rein Materielle hinausreichenden Teil unserer Welt geben könnte. Der Satz »Gott ist tot« kann wissenschaftlich niemals bewiesen werden.

DREIUNDZWANZIGSTER TAG

Angst und Furcht

I. Zum Morgen

Terror

Ich erinnere noch gut den Nachmittag und Abend des 11. September 2001. Nachdem ich viele Stunden vor dem Fernseher die Berichte über die Terroranschläge von New York und Washington verfolgt hatte, ging ich abends spazieren und dachte daran, dass die USA darauf sehr massiv reagieren würden, gegen wen auch immer. Ich fühlte mich tief erschüttert und einer existenzbedrohenden, überlegenen Macht ausgeliefert. Genau dieses Gefühl meint der lateinische Begriff *terror.* Auch die in der Offenbarung des Johannes beschriebene Apokalypse ist Ausdruck der Todesangst der Menschen im Angesicht eines zürnenden Gottes. Welch sprachliche Verniedlichung aber betreiben wir mit diesem Begriff: Wenn uns unsere Liebsten nicht in Ruhe lassen, ist das Beziehungsterror, wenn Chefs oder Kollegen intrigieren, Psychoterror. Schon Nietzsche erkannte eine Tendenz zur dramatisierenden Bezeichnung aller möglichen »Gefühlchen« als Terror.

Noch weniger freilich meint Terror in seiner eigentlichen Bedeutung eine »gewalttätige Form des politischen Machtkampfes, insbesondere der brutalen Regierung eines Diktators zur Aufrechterhaltung seiner Herrschaft« (Brockhaus). Hier ist die Umkehrung des Terrors von seiner rein passiven Ursprungsbedeutung ins Aktive erfolgt. Das Musterbeispiel hierfür bietet der *terreur* der Französischen Revolution. In deren kritischsten Stunde machte Robespierre den Terror zur Maxime seiner Herrschaft, indem er erklärte: »Wenn die Grundlage der Demokratie im Frieden die Tugend ist, so sind es in revolutionärer Zeit Tugend und Terror.« Ohne Tugend bleibe der Terror unheilvoll. Ohne Terror die Tugend machtlos. Ein solcher Terror ist nicht nur Angst, er macht auch Angst. Auch Gottfried Wilhelm Leibnitz empfahl 1683 als Gegenmittel zum *terror panicus,* der die christlichen Truppen allein schon beim Anblick der Türken und beim Hören ihrer ohrenbetäubenden Musik packte, die Neutralisierung des feindlichen Terrors durch einen noch größeren, welche die Offiziere bei den eigenen Soldaten erzeugen sollten. Nicht zu vergessen ist Lenins Hinwendung zum roten, proletarischen Terror, zu Massenterror und Säuberungen, um die in Not geratene Revolution zu retten. Fahnenflucht wurde in der Roten Armee ebenso wie in Hitlers Wehrmacht mit dem Tod bestraft – in der Roten Armee im Übrigen auch in den Nachkriegsjahrzehnten. Viele der in der DDR stationierten Soldaten, die die Flucht über die innerdeutsche Grenze versuchten und gefasst wurden, wurden hingerichtet.

Das Gefühl des Terrors lässt sich also instrumentalisieren, um psychologische Wirkung zu erzielen. Deshalb ist Terror immer auch Theater – mehr noch als auf maximale Ergebnisse ist er auf maximalen Eindruck bedacht. Die Attentate des 11. September 2001 sind ein Musterbeispiel für das Theater des Terrors: Was als Wirkung der Attentate bleibt, sind die Fernsehbilder und mit ihnen das Gefühl der Bedrohung, der Angst. Damit haben wir Terror als politisches Instrument, wie es immer wieder von Diktatoren eingesetzt wird. Dabei sind verschiedene Arten zu unterscheiden: Die unmittelbare Ausübung von Terror durch politisch Handelnde kann, wie in der Französischen Revolution, als Mittel des Ausnahmezustands, als äußerstes Mittel zur Rettung höchster Ideale legitimiert werden, allerdings nie als Dauereinrichtung. Noch kein Staat konnte dauerhaften Terror offen institutionalisieren. Selbst Hitler, Stalin, Idi Amin, Pol Pot oder Pinochet wäre es nie im Traum eingefallen – wie Robespierre oder Lenin –, ihre Maßnahmen als Terror zu bezeichnen. Stattdessen wählten sie euphemistische, verbergende Begriffe wie Arbeitslager, Umerziehung, Umsiedlung, Endlösung.

Die Maßnahmen selbst wurden versteckt: im Osten, in Sibirien, in den Kellern der Geheimdienste. Es scheint, als ob Terror auf Dauer nur einrichten kann, wer seine Existenz verschweigt, vertuscht und tabuisiert.

Interessant finde ich, dass der Mechanismus des Terrors, das Erzielen von Angst zur Erreichung politischer Zwecke in Ansätzen auch in demokratischen Staaten festzustellen ist. Auch der moderne Rechtsstaat zeigt – wie im Mittelalter – seine Folterinstrumente, wenn Strafen als Abschreckung angelegt sind. Nichts anderes sehe ich in der Todesstrafe. Und auch demokratische Staaten, in denen Terror als Mittel keinen Platz findet, wissen die Angst vor Terror, den eigentlichen Terror, subtil auszunutzen für politische Zwecke: etwa um Eingriffe in Bürgerrechte zu legitimieren. Nicht nur in den USA, auch in Deutschland hat man meiner Meinung nach nach dem 11. September die Bereitschaft der Bürger ausgenutzt, im Ausnahmezustand für ein Mehr an Sicherheit mit Freiheitsrechten zu bezahlen, die sie unter anderen Umständen mit Zähnen und Klauen verteidigen würden. Anders ist es auch nicht zu erklären, dass nicht nur in den USA, sondern auch hierzulande unter Rechtsexperten offen diskutiert wird, ob nicht die Folter unter gewissen Umständen doch erlaubt sein könnte. Der Terror wirkt für Regierende immer wieder wie ein *deus ex machina*, ein Schachterlteufel, der das Regieren erheblich erleichtern kann. Das gilt gerade in einer Zeit, da demokratische Staaten füreinander nicht mehr als Feindbild taugen, Kriege zwischen den westlichen Staaten fast ausgeschlossen erscheinen. Da kommt ein nichtstaatlicher Feind – der Terrorist, die Achse des Bösen usw. – sehr gelegen.

Noch eine Wirkung sehe ich im Terror. Die Bezeichnung als Terrorist transportiert bereits die Bewertung und damit die Schwächung der Position des anderen. Terror kann zum Etikett werden, das mehr über den Etikettierenden als über den Etikettierten aussagt. Saddam Hussein etwa war mit Sicherheit ein grausamer, im Inneren mit Terror agierender Diktator, den USA und der westlichen Welt gegenüber allerdings kein Terrorist. Dafür gibt es bis heute keinen Anhaltspunkt. Auch der von Russland brutal bekämpfte »Terrorismus« der Tschetschenen dürfte für sie selbst nichts anderes als ein legitimer Freiheitskampf sein. Ob man in der Welt als Freiheitskämpfer Anerkennung und Unterstützung findet oder aber von ihr als Terrorist eingestuft und bekämpft wird, unterliegt beileibe nicht immer objektiven Kriterien, sondern der faktischen, auch medialen Definitionsmacht. Terrorismus ist damit eine Rechtfertigung für Gewaltanwendung und vergleichbar mit der mittelalterlichen Methode, jemanden für vogelfrei zu erklären.

Auf diese Weise gerät die Politik in Zugzwang, gegen den dämonisierten Gegner ebenfalls alle Mittel für zulässig zu halten – und so schließt sich der Kreis zum primären Regieren durch Terror. So wie sich jeder Terror als Gegenterror versteht, so gebiert nicht nur der Terror wieder Terror, sondern vergiftet auch diejenigen, die ihn bekämpfen. Wir haben das bei den Exzessen der USA und Großbritanniens in Lagern wie Guantánamo oder Abu Ghraib gesehen.

II. Zum Mittag
Apokalypse

Dann machten sich die sieben Engel bereit, die sieben Posaunen zu blasen. Der erste Engel blies seine Posaune. Da fielen Hagel und Feuer, die mit Blut vermischt waren, auf das Land. Es verbrannte ein Drittel des Landes, ein Drittel der Bäume und alles grüne Gras. Der zweite Engel blies seine Posaune. Da wurde etwas, das einem großen brennenden Berg glich, ins Meer geworfen. Ein Drittel des Meeres wurde zu Blut. Und ein Drittel der Geschöpfe, die im Meer leben, kam um, und ein Drittel der Schiffe wurde vernichtet.

Der dritte Engel blies seine Posaune. Da fiel ein großer Stern vom Himmel; er loderte wie eine Fackel und fiel auf ein Drittel der Flüsse und auf die Quellen. Der Name des Sterns ist Wermut. Ein Drittel des Wassers wurde bitter, und viele Menschen starben durch das Wasser, weil es bitter geworden war. Der vierte Engel blies seine Posaune. Da wurde ein Drittel der Sonne, ein Drittel des Mondes und ein Drittel der Sterne getroffen, so dass sie ein Drittel ihrer Leuchtkraft verloren und der Tag um ein Drittel dunkler wurde und ebenso die Nacht. Und ich sah und hörte: Ein Adler flog hoch am Himmel und rief mit lauter Stimme: Wehe! Wehe! Wehe den Bewohnern der Erde! Noch drei Engel werden ihre Posaunen blasen.

Der fünfte Engel blies seine Posaune. Da sah ich einen Stern, der vom Himmel auf die Erde gefallen war; ihm wurde der Schlüssel zu dem Schacht gegeben, der in den Abgrund führt. Und er öffnete den Schacht des Abgrunds. Da stieg Rauch aus dem Schacht auf wie aus einem großen Ofen, und Sonne und Luft wurden verfinstert durch den Rauch aus dem Schacht. Aus dem Rauch kamen Heuschrecken über die Erde, und ihnen wurde Kraft gegeben, wie sie Skorpione auf der Erde haben. Es wurde ihnen gesagt, sie sollten dem Gras auf der Erde, den grünen Pflanzen und den Bäumen keinen Schaden zufügen. Sondern nur den Menschen, die das Siegel Gottes nicht auf der Stirn haben. Es wurde ihnen befohlen, die Menschen nicht zu töten, sondern nur zu quälen, fünf Monate lang. Und der Schmerz, den sie zufügen, ist so stark, wie wenn ein Skorpion einen Menschen sticht.

In jenen Tagen werden die Menschen den Tod suchen, aber nicht finden; sie werden sterben wollen, aber der Tod wird vor ihnen fliehen. Und die Heuschrecken sehen aus wie Rosse, die zur Schlacht gerüstet sind; auf ihren Köpfen tragen sie etwas, das goldschimmernden Kränzen gleicht; und ihre Gesichter sind wie Gesichter von Menschen, ihr Haar ist wie Frauenhaar, ihr Gebiss wie ein Löwengebiss, ihre Brust wie ein eiserner Panzer und das Rauschen ihrer Flügel ist wie das Dröhnen von Wagen, von vielen Pferden, die sich in die Schlacht stürzen. (…) Das erste Wehe ist vorüber. Noch zweimal wird das Wehe kommen.

Der sechste Engel blies seine Posaune: Da hörte ich eine Stimme, die von den vier Hörnern des goldenen Altars herkam, der vor Gott steht. Die Stimme sagte zu dem sechsten Engel, der die Posaune hielt: Binde die vier Engel los, die am großen Strom, am Euphrat, gefesselt sind. Da wurden die vier Engel losgebunden, die auf Jahr und Monat, auf Tag und Stunde bereitstanden, um ein Drittel der Menschheit zu töten. Und die Zahl der Reiter dieses Heeres war vieltausend mal tausend; diese Zahl hörte ich. Und so sahen die Pferde und die Reiter in der Vision aus: Sie trugen feuerrote, rauchblaue und schwefelgelbe Panzer. Die Köpfe der Pferde glichen Löwenköpfen und aus ihren Mäulern schlug Feuer, Rauch und Schwefel. Ein Drittel der Menschen wurde durch diese drei Plagen getötet (...). Denn die tödliche Macht der Pferde war in ihren Mäulern und in ihren Schwänzen. Ihre Schwänze glichen Schlangen, die Köpfe haben, mit denen sie Schaden zufügen können.

Aber die übrigen Menschen, die nicht durch diese Plagen umgekommen waren, wandten sich nicht ab von den Machwerken ihrer Hände: Sie hörten nicht auf, sich niederzuwerfen vor ihren Dämonen, vor ihren Götzen aus Gold, Silber, Erz, Stein und Holz, den Götzen, die weder sehen noch hören noch gehen können. Sie ließen nicht ab von Mord und Zauberei, von Unzucht und Diebstahl.

(Offenbarung des Johannes 8,6 ff.)

Die Offenbarung des Johannes ist für mich eine der schlimmsten und schwierigsten Stellen der Bibel. Dieser fürchterlich strafende Gott passt mit dem Gott, den wir sonst aus der Heiligen Schrift kennen, überhaupt nicht zusammen. Ich bin deshalb überzeugt davon, dass hier gar nicht von Gott die Rede ist, sondern von den Menschen und ihrer Angst. Der Angst vor der Bedrohung ihrer Existenz. Vor dem Ausgeliefertsein an Mächte, gegen die sie nichts ausrichten können. Und vor allem von Konsequenzen, die unser Handeln haben kann.

III. Zum Abend
Angst als Gefühl

Robespierre

Er meckert vor sich hin. Die Augen starren
Ins Wagenstroh. Der Mund kaut weißen Schleim.
Er zieht ihn schluckend durch die Backen ein.
Sein Fuß hängt nackt heraus durch zwei der Sparren.

Bei jedem Wagenstoß fliegt er nach oben.
Der Arme Ketten rasseln dann wie Schellen.
Man hört der Kinder frohes Lachen gellen,
Die ihre Mütter aus der Menge hoben.

Man kitzelt ihn am Bein, er merkt es nicht.
Da hält der Wagen. Er sieht auf und schaut
Am Straßenende schwarz das Hochgericht.

Die aschengraue Stirn wird schweißbetaut.
Der Mund verzerrt sich furchtbar im Gesicht.
Man harrt des Schreis. Doch hört man keinen Laut.
(Georg Heym)

Angst ist eine der stärksten Emotionen. Der ihr zugrunde liegende biologische Mechanismus warnt und schützt vor akuten Bedrohungen, indem er Energie für Kampf oder Flucht bereitstellt. Die körperlichen Symptome der Angst werden im so genannten limbischen System des Zwischenhirns gesteuert. Alle Wahrnehmungen werden hier auf potentielle Gefahr überprüft und das Reizmuster der jeweiligen Situation mit Schlüsselmerkmalen wie Enge, Dunkelheit, Höhe sowie mit Erfahrungswerten verglichen. Sind eine Situation oder ein Gedanke unbekannt oder enthalten entsprechende, negativ besetzte Schlüsselreize, werden sie als potentiell bedrohlich eingestuft. Liegen negative Erfahrungswerte vor, schaltet der Körper ebenfalls auf Alarm. Die Angstreaktion des menschlichen Körpers ist also erlern- und veränderbar.

Ist eine Situation als bedrohlich eingestuft, wird der gesamte Organismus in Alarmbereitschaft versetzt. Dazu werden Hormone wie Adrenalin ausgeschüttet, Nervenzellen erregt, die Verarbeitungsgeschwindigkeit des Gehirns wird erhöht bei gleichzeitiger Fokussierung auf die Angst auslösende Situation. Die Wahrnehmung wird gesteigert, indem sich die Pupillen weiten, Seh- und auch Hörnerven empfindlicher werden. Dazu kommt erhöhte Muskelanspannung und Herzfrequenz sowie ein gestiegener Blutdruck. Die Atmung wird flacher und schneller.

Der körperliche Zustand der Angst hat in vielen Formen Eingang in unsere Sprache gefunden, etwa wenn wir sagen, uns sei flau im Magen oder eng ums Herz. Damit entfernen wir uns aber bereits von der ursprünglichen biologischen Funktion von Angst. Tatsächlich sind echte körperlich existenzielle Angstmomente in unserer zivilisierten Welt selten geworden. Uns modernen Menschen scheint dagegen Angst umso mehr zu schaffen zu machen, je weniger konkret sie ist. Wie viele Menschen leiden heute unter Flugangst und wie wenige unter Autofahrangst oder unter der Angst, im Haushalt zu verunglücken? Die Statistik spräche objektiv für Letzteres. Ich bin überzeugt davon, dass die Angst vor der Vogelgrippe vielmehr Menschen krank gemacht hat als die Vogelgrippe selbst. Ähnlich dürfte es sich mit BSE oder anderen Angst-Moden verhalten. Der Wald ist noch immer in erbärmlichem Zustand, doch wer fürchtet heute noch das Waldsterben? Noch ein Beispiel aus der Medizin: Niedriger Blutdruck wird in Deutschland als Krankheit behandelt, während er anderswo als lebensverlängerndes Konstitutionsmerkmal gilt. Nicht vor dem Konkreten, sondern vor dem Diffusen fürchten wir uns. Vor dem, was wir nicht verstehen oder was wir nicht sehen wollen.

Oft sehen wir nicht, wie sehr uns unsere eigenen, ganz persönlichen Ängste in unserem Leben beeinflussen. Wir glauben, wir seien frei in unseren Entscheidungen, tatsächlich aber leiten Ängste unser Tun oder Nicht-Tun. Ich glaube, dass es gegen die diffuse Angst, gleichgültig ob vor dem Fliegen, vor Veränderung, vor Nähe usw. nur ein Mittel gibt, nämlich, seine persönliche Angst kennen zu lernen und sie anzunehmen. Was ich kenne und akzeptiere, davor brauche ich mich nicht mehr zu fürchten. Dieses Rezept verschreiben Psychologen, egal ob in Gesprächs- oder in Konfrontationstherapie wie die Fluggesellschaften bei Flugangsttrainings. Da sich unsere Grundängste nie vollständig vermeiden lassen, bezahlen wir jeden Versuch, ihnen auszuweichen, sie wegzudrängen oder sie zu banalisieren, mit neuen neurotischen Ängsten. Menschen doktern dann oft ein Leben lang an diesen Symptomängsten herum, anstatt sich mit ihrer Grundangst zu befassen.

Interessant finde ich, dass Ängste, die bei Individuen auftreten, sich offenbar auch im Kollektiv beobachten lassen. Nicht nur einzelne, sondern ganze Kulturen können neurotische Züge entwickeln. Ein Beispiel dafür ist der in Europa belächelte Hygienefimmel der Amerikaner. Er führte seinerzeit dazu, dass die USA als Besatzungsmacht in Berlin sofort das bekanntermaßen gute Grundwasser chlorten, um Seuchen vorzubeugen. Die Franzosen wiederum kennen weder den amerikanischen Hygienefimmel noch die deutsche Furcht vor Kreislauferkrankungen, sie fürchten aber um ihre Leber und bezeichnen diese Unpässlichkeiten als *crise de foie* (Leberkrise). Während in älteren deutschen Theaterstücken der Held, der eine schlimme Nachricht erhält, ruft: »Mein Herz!«, fürchtet man in französischen Dramen um »Meine Leber, meine Milz!« Sorgt sich in Deutschland irgendjemand um seine Milz?

IV. Zum Schlafengehen
Fürchte Dich nicht!

Fürchte dich nicht, denn ich bin bei dir; hab keine Angst, denn ich bin dein Gott. (Jes 41,10)

Furcht gibt es in der Liebe nicht, sondern die vollkommene Liebe vertreibt die Furcht. (Joh 4,18)

Ihr habt nicht einen Geist empfangen, der Euch zu Sklaven macht, so dass ihr euch immer noch fürchten müsstet, sondern ihr habt den Geist empfangen, der euch zu Kindern macht, den Geist, in dem wir rufen: Abba, Vater! (Röm 8,15)

Im Alten Testament wurde 365mal der Aufruf gezählt: Fürchte dich nicht. Diese Botschaft setzt sich im Neuen Testament fort und bildet einen Grundzug des christlichen Glaubens. Der erste Name für Gott lautete im Hebräischen »Jahwe« – der »Ich-bin-da!« Gottes Name enthält damit dieselbe Botschaft, die die beruhigende Stimme der Mutter dem weinenden Kind vermittelt: Ich bin ja da. Dieses Da-Sein als Mittel gegen Furcht ist ein menschliches Urbedürfnis. Jahwe ist ein Gott, der durch sein Dasein in den Arm nimmt. Dieses Vertrauen, das man Glauben nennen kann, ist nach meiner Überzeugung das beste Mittel gegen Angst vor dem, was das Leben mit sich bringen kann. Wer an Gott glaubt, für den kann im Leben nichts mehr grundsätzlich schief gehen.

Den Marienwallfahrtsort Altötting besuchen jedes Jahr mehr als eine Million Pilger, viele davon zu Fuß. Die Wände der kleinen Kapelle mit der schwarzen Madonna sind rundum bedeckt mit Tausenden von Votivtafeln, auf denen Szenen dargestellt sind, in denen Maria geholfen hat. Wunder werden von Nicht-Gläubigen wie von Gläubigen oft missverstanden. Ich meine, dass weder Maria noch Gott übernatürlich in die Welt hinein- und Krankheiten oder Unglück wegzaubern. Der Glaube befreit nicht vom Unheil, sondern von der Angst davor! Es sollte in Altötting und anderswo deshalb im Grunde nicht dafür gedankt werden, dass Maria konkret etwas bewirkt, sondern dass der Glaube die Angst genommen hat.

Wer vertraut und die Angst verliert, kann auch in schwerer Krankheit oder in anderen Schicksalsschlägen des Lebens das Positive sehen. Ich kenne Menschen, die todkrank und trotzdem heiter sind. Darin liegt eine große Herausforderung, aber auch eine wunderbare Chance, die zu ergreifen Gott uns ermuntert, wenn er uns immer wieder zuruft: Fürchte Dich nicht! Ich bin Dein Gott.

VIERUNDZWANZIGSTER TAG

Freude und Gelassenheit

I. Zum Morgen

Heitere Gelassenheit

Kardinal Joseph Ratzinger hat uns acht Kandidaten bei der Priesterweihe 1980 ermahnt oder besser ermuntert: »Bewahren Sie zeitlebens die heitere Gelassenheit.« Ich denke sehr oft an dieses Motto, das mir der heutige Papst mit auf den Weg gegeben hat. Zuletzt habe ich mich an die Worte von der heiteren Gelassenheit erinnert, als ich begann, an meinem Leben als Mönch zu zweifeln. Tatsächlich hatte ich in den Wochen der Loslösung vom Kloster häufig das Gefühl, ein Stück meines Lebenswerks unwiederbringlich aufzugeben, und litt manchmal sehr darunter.

Das Wort Gelassenheit bedeutet ja, Dinge sein lassen, loslassen zu können – und zwar nicht notgedrungen und unter großem Druck, sondern freigiebig und heiter. Was sich so einfach, fast unbedeutend anhört, ist ein sehr hoher Anspruch – oft schon in Alltagssituationen wie einem ärgerlichen Streit, in den man sich verrannt hat, einem Recht, das man unbedingt durchsetzen will, einem Anspruch, dem der andere, dem man selbst nicht genügt. Dabei kann man, wie der Münchner Kardinal Wetter einmal gesagt hat, nur mit Ochsen pflügen, die man hat. Wie schwierig Gelassenheit, zumal heitere, ist, zeigt sich erst recht in den Krisensituationen des Lebens: Wie kann eine Frau, deren Mann gestorben ist, heiter und gelassen bleiben? Jemand, der seinen Job verloren hat und sich um die Existenz seiner Familie sorgt? Oder jemand, dessen Kind rebelliert und sich allem verweigert? Was ist überhaupt Gelassenheit? Der römische Philosoph Epikur hat dazu gesagt:

> *Eine vom Irrtum sich freihaltende Betrachtung dieser Dinge weiß jedes Wählen und jedes Meiden in die richtige Beziehung zu setzen zu unserer körperlichen Gesundheit und zur ungestörten Seelenruhe; denn das ist das Ziel des glückseligen Lebens. Liegt doch allen unseren Handlungen die Absicht zugrunde, weder Schmerz zu empfinden noch außer Fassung zu geraten. (...) Wenn wir also die Lust als das Endziel hinstellen, so meinen wir damit nicht die Lüste der Schlemmer und solche, die in nichts als dem Genusse selbst bestehen (...), sondern das Freisein von körperlichem Schmerz und von Störung der Seelenruhe.*

Wenn wir von belastenden Dingen lassen, so wertvoll sie uns erscheinen mögen, dann in Epikurs Sinn nicht, weil wir gezwungen sind, sondern im eigenen Interesse: weil wir nur so freiwerden von Dingen, die uns belasten, und nur durch Loslassen Seelenruhe erlangen können. Aber ist Gelassenheit tatsächlich immer die richtige Einstellung? Reagiert man nicht manchmal statt mit Gelassenheit angemessener mit Empörung, Zorn, Kritik, Widerstand auf etwas, das man nicht so sein lassen kann oder will, wie es ist, sondern unbedingt ändern muss? Soll man tatsächlich Kriege, Hunger, Menschenrechtsverletzungen, Leid und Not im unmittelbaren Umfeld gelassen hinnehmen aus Furcht vor Störung der eigenen Seelenruhe?

Es ist meiner Ansicht nach verwerflich, wenn wir von Dingen lassen, die wir durchaus beeinflussen und verändern können. Diese Gelassenheit wäre eine falsche und reines Alibi. In solchen Fällen ist tatkräftige Verantwortung gefragt. Allerdings fällt die Unterscheidung nicht immer leicht, so auch Goethes Werther nicht, diesem unglücklich Verliebten, der sich nah am Selbstmord bitter beklagt: »Ihr steht so gelassen, so ohne Teilnehmung da, ihr sittlichen Menschen.« Goethe weist uns hier den Weg zum Verständnis echter Gelassenheit. Der unglücklich Verliebte kann die Gefühle des geliebten Menschen nicht beeinflussen, was auch immer er versucht. Gerade in der Unmöglichkeit des Handelns, des Einflussnehmens liegt nach meinem Eindruck die große Schwierigkeit für moderne Menschen. Wir haben durch den riesigen Fortschritt etwa in Technik oder Medizin den Eindruck gewonnen, dass wir alles ändern können, dass wir nichts und niemandem mehr überlassen sind, sondern völlig frei in unserem Tun. Wir sind heute alle vom Typ des Homo Faber, von dem Max Frisch schreibt: einem Ingenieur, der ganz technikgläubig glaubt, vor Zufall oder Schicksal sicher zu sein, alles selbst in der Hand zu haben. Frisch lässt ihn systematisch mit dem Irrationalen zusammenstoßen, zuletzt mit der Liebe zu einem jungen Mädchen, das sich später als seine eigene Tochter herausstellt.

Ein Geschäftsführer hat mir einmal deutlich gemacht, dass er praktisch alles als veränderbar ansieht, und diese Haltung entspricht unserem Wertgefüge. Etwas sein lassen bedeutet darin, es nicht zu versuchen. Das wird als Scheitern gesehen. Es gehört in Unternehmen viel Mut und Selbstbewusstsein dazu, dem Vorgesetzten klar zu machen, dass man etwas aus guten Gründen nicht angehen, sondern besser sein lassen will.

Nun hat uns Kardinal Ratzinger jedoch nicht nur zur Gelassenheit, sondern zu allem Überfluss auch noch zur Heiterkeit ermahnt. Mit Freude Dinge sein lassen, die man eigentlich alles andere als sein lassen, sondern an sich reißen, verändern möchte. Humor ist ein gutes Hilfsmittel, um Probleme zu relativieren, ihnen ihre Schärfe zu nehmen, Gelassenheit herzustellen, zu entspannen. Der lateinische Begriff *(h)umor* bedeutet eigentlich Feuchtigkeit und bezeichnete ursprünglich das jedem Lebewesen eigene, sich aus der Mischung der vier elementaren Körpersäfte *(humores)* ergebende Temperament. Dahinter steckt die antike Viersäftelehre, die von den Hippokratikern um 400 v. Chr. entwickelt und von dem Arzt Galenus niedergeschrieben wurde. Die vier Säfte sind Blut, Schleim, schwarze Galle sowie gelbe Galle. Ihre Ausgewogenheit bedeutete, dass der Mensch gesund ist. Krankheiten entstanden demzufolge durch Störungen dieser Ausgewogenheit.

Von den vielen möglichen Arten des Humors verstehe ich im Zusammenhang mit Gelassenheit Humor als die Kunst, Fehlschlägen, eigenen Schwächen, Krankheiten mit weniger Ernst, dafür mit einem möglicherweise größeren Handlungsspielraum zu begegnen. Humor befreit, indem er Festgefahrenes, starre Vorstellungen und Denkmuster belächeln hilft. Er ermöglicht, dass wir etwas, von dem wir partout nicht lassen können, wieder aufs rechte Maß zurücksetzen.

Die Tugend der heiteren Gelassenheit nennen die Alten die *hilaritas*. In allem Gott zu suchen ist die zentrale Botschaft Benedikts von Nursia an die Mönche und an alle Menschen. Wer Gott in allem sucht, man könnte auch sagen, wer Sinn in allem sucht – auch in dem, was man selbst als völlig unsinnig empfindet –, sieht die Dinge mit einem zweiten Blick. Benedikt spricht vom »Auge« bzw. »Ohr des Herzens«. Auch er relativiert immer wieder das eigene Tun:

> *Diese Menschen fürchten den Herrn und werden wegen ihrer Treue im Guten nicht überheblich; sie wissen vielmehr, dass das Gute in ihnen nicht durch eigenes Können, sondern durch den Herrn geschieht.*
> *(Benediktsregel, Prolog, Satz 29)*

II. Zum Mittag
Das Gleichnis vom verlorenen Sohn

> *Ein Mann hatte zwei Söhne. Der jüngere von ihnen sagte zum Vater: Vater, gib mir das Erbteil, das mir zusteht. Da teilte der Vater das Vermögen auf. Nach wenigen Tagen packte der jüngere Sohn alles zusammen und zog in ein fernes Land. Dort führte er ein zü-*

gelloses Leben und verschleuderte das Vermögen. Als er alles durchgebracht hatte, kam eine große Hungersnot übers Land, und es ging ihm sehr schlecht. Da ging er zu einem Bürger des Landes und drängte sich ihm auf: Der schickte ihn aufs Feld zum Schweinehüten. Er hätte gern seinen Hunger mit den Futterschoten gestillt, die die Schweine fraßen: Aber niemand gab ihm davon. Da ging er in sich und sagte: Wie viele Tagelöhner meines Vaters haben mehr als genug zu essen, und ich komme hier vor Hunger um. Ich will aufbrechen und zu meinem Vater gehen und ihm sagen: Vater, ich habe mich gegen den Himmel und gegen Dich versündigt. Ich bin nicht mehr wert, dein Sohn zu sein; mach mich zu einem deiner Tagelöhner. Dann brach er auf und ging zu seinem Vater.

Der Vater sah ihn schon von weitem kommen und hatte Mitleid mit ihm. Er lief dem Sohn entgegen, fiel ihm um den Hals und küsste ihn. Da sagte der Sohn: Vater, ich habe mich gegen den Himmel und gegen dich versündigt.; ich bin nicht mehr wert, dein Sohn zu sein. Der Vater aber sagte zu seinen Knechten: Holt schnell das beste Gewand und zieht es ihm an, steckt ihm einen Ring an die Hand und zieht ihm Schuhe an. Bringt das Mastkalb her und schlachtet es; wir wollen essen und fröhlich sein. Denn mein Sohn war tot und lebt wieder. Er war verloren und ist wiedergefunden worden. Und sie begannen, ein fröhliches Fest zu feiern.

(Lk 15, 11ff.)

III. Zum Abend
Gelassenheit als erwachsenes Verhalten

Was könnte der Vater in dem Gleichnis alles tun! Sein Sohn verhält sich völlig unvernünftig, egoistisch, verantwortungslos. Der Vater könnte sich weigern, den Erbteil auszuzahlen, den Sohn zurechtweisen. Er könnte ihm hinterherrennen, als der Sohn beginnt, das Vermögen zu verschleudern, ihm drohen, ihn bitten, flehen, kontrollieren, all seinen Einfluss geltend machen. Der Vater weiß aber, dass er in dieser Sache keinen Einfluss hat. Dass der Sohn wachsen will und diese Persönlichkeitsentwicklung nicht innerhalb des Elternhauses schafft, sondern dafür einen anderen, seinen eigenen Raum und eigene, schmerzvolle Erfahrungen benötigt. Der Vater kann den Sohn nicht zurechtbiegen. Ihm bleibt nichts, als ihn ziehen zu lassen. So schwer diese Haltung ist, bedeutet sie die einzige Chance auf Heilung des Verhältnisses zwischen beiden. Der Sohn besteht schließlich nicht ohne Grund von heute auf morgen auf seinem Erbteil.

Das Gleichnis ist ein sehr starkes Bild für alle Konflikte in der Familie. Gerade wenn sich ein Kind abwendet, ist das Loslassen besonders schwer. Dennoch und trotz aller Verantwortung, die Eltern für ihr Kind zeitlebens tragen, kann es nicht um Rechthaberei, um Erpressung, um Ultimaten gehen. Wenn ein Kind seinen eigenen Weg gehen will, ob es sich dabei nun fair verhält oder nicht, kann man es nicht aufhalten. Zurückkommen wird es nur – wie der Sohn im Gleichnis – aus eigener Motivation, aus eigenem Antrieb, freiwillig und gern. Käme es aus anderen Gründen, wäre das Gemeinsame weiterhin auf Sand gebaut. Der Abstand zwischen Vater und Sohn bewirkt, dass anderes – anderes Denken, andere Menschen – einen Raum erhält, in dem sich Entwicklung ereignen kann. Der Geist und die Inspiration breiten sich dort aus, wo Freude ist. Der Sohn ist, weil sich der Vater so klug verhält, tatsächlich nie verlassen. Ich bewundere die Figur dieses Vaters sehr und finde, sie ist so etwas wie ein leuchtendes Beispiel. Ich stelle mir diesen Vater als einen freudigen, ruhigen, von innen strahlenden Mann vor, der durch Zurückhaltung, nicht durch Überschwänglichkeit stark ist. Der seine Position der Liebe niemals aufgibt.

Wenn wir über Gelassenheit sprechen, über die Schwierigkeit, gerade von Dingen zu lassen, die man liebt, möchte ich ergänzen, dass jedes noch so schwierige Loslassen eine notwendige Übung fürs Leben ist. Auch das Ende einer Ehe, einer Beziehung ist ein kleiner Tod. Diese Tode aber gehören zur Natur. Wir holen Atem und lassen ihn wieder aus. Bäume lassen ihre Blätter im Herbst, damit im nächsten Frühling wieder neue wachsen. Ohne Loslassen gibt es kein Wachstum. Erwachsenes Verhalten heißt in diesem Sinn gelassenes, weil loslassendes Verhalten. Das ganze Leben besteht aus Loslassen: der Mutter, der Jugend, der Leistungsfähigkeit. Von Vermögen, Beziehungen, Freunden, Gesundheit. Am Ende, wenn wir sterben, müssen wir sogar alles lassen, außer dem, was die Tradition als Seele bezeichnet. In ihr freilich ist das gewachsen, was wir losgelassen haben.

IV. Zum Schlafengehen
Gelassenheit im Absurden

Wie aber finden wir heitere Gelassenheit auch in einer sinnlosen Situation? In einer solchen befindet sich der mythologische Sisyphus: Die Götter haben ihn dazu verurteilt, im Hades unablässig einen Felsblock einen Berg hinaufzuwälzen, von dessen Gipfel der Stein von selbst wieder hinunterrollt. Sisyphus ist damit das Symbol des Menschen, dem sein Handeln sinnlos geworden ist, der aber auch keine Möglichkeit hat, aus dieser Situation auszubrechen. In seiner philosophischen Schrift »Der Mythos von Sisyphus – Ein Versuch über das Absurde« hat Albert Camus die Frage gestellt und beantwortet, was das Leben selbst in einer absurden Welt, in einer absurden Situation lebenswert macht. Der Mensch, so Camus, müsse auf sich selbst verwiesen durchhalten.

Am Anfang des qualvollen und im Ergebnis völlig nutzlosen Steinewälzens mag Sisyphus mit seinem Schicksal gehadert haben. Zorn und Empörung dürften in Verzweiflung umgeschlagen sein. Was im Verlauf der Zeit mit ihm und in ihm passierte, schildert Camus: Danach begreift Sisyphus, dass er die Bedingungen seiner Existenz nicht ändern kann, er ohnmächtig, diesbezüglich unfrei ist. Aber zugleich wird ihm klar, dass seine Hoffnungslosigkeit und sein Schmerz ihren Grund darin haben, dass er sich die Zielvorgabe der Götter zu Eigen gemacht hat. Er will, dass der Stein oben liegen bleibt, und dieses Wollen durchkreuzen die Götter. Die Frage ist, ob Sisyphus sich im Rahmen seiner Existenz ein anderes, ein eigenes Ziel zu setzen vermag, das sein Streben nach Sinn befriedigt und für ihn erreichbar ist. Dazu aber muss er als Erstes die Götter aus seinem Kosmos verbannen.

Camus sagt: »Es gibt kein Schicksal, das durch Verachtung nicht überwunden werden kann.« Sisyphus lehnt also die Götter ab, die seinen Selbstwert vernichten wollten, indem sie ihm ein menschenunwürdiges Los auferlegt haben. Übrig bleibt nach Camus nur noch der Mensch als Sinnstifter, der sich die Freiheit nimmt, seine eigenen Ziele zu verfolgen. Darin besteht die verborgene Freude des Sisyphus. Sein Schicksal gehört ihm. Sein Fels ist seine Sache. Auf den ersten Blick könnte es so scheinen, als mache Sisyphus sich etwas vor. Sein Ziel ist nun nicht mehr der Gipfel, sondern das Gehen des Weges. Das Ziel steht nicht am Ende des Weges, sondern der Weg selbst ist das Ziel. Er kann diesen Weg gehen, das hat er unzählige Male bewiesen. Er vermag den Stein zu wälzen. Und so kommt er mit jedem Schritt auf der Etappe seines Weges bei sich selbst an. Es ist *sein* Weg, den er zurücklegt, auch wenn dieser sich äußerlich betrachtet nicht von jenem Weg unterscheidet, den die Götter ihm vorgeschrieben haben. Jeder Schritt ist zugleich ein Ankommen bei sich selbst und damit beim selbst gesetzten Ziel. Sisyphus' Gelassenheit resultiert daraus, dass er sich seine eigene Freiheit erkämpft hat. Seine Revolte gegen die Götter, so Camus, gebe seinem Leben einen Sinn. Ich finde, dass es sich dabei nicht um eine Revolte handelt, höchstens eine Revolte unserer Vorstellungen von Sinn und Unsinn. Ansonsten ist Sisyphus' Haltung kein Aufbegehren, sondern Gelassenheit. Camus schreibt am Ende seines Buchs:

> *Ich verlasse Sisyphus am Fuße des Berges! Seine Last findet man immer wieder. Nur lehrt Sisyphus uns die größere Treue, die die Götter leugnet und die Steine wälzt. Auch er findet, dass alles gut ist. Dieses Universum, das nun keinen Herrn mehr kennt, kommt ihm weder unfruchtbar noch wertlos vor. Jedes Gramm dieses Steins, jeder Splitter dieses durchnächtigten Berges bedeutet allein für ihn eine ganze Welt. Der Kampf gegen Gipfel vermag ein Menschenherz auszufüllen. Wir müssen uns Sisyphus als einen glücklichen Menschen vorstellen.*

Ich würde die Götter, die Camus als die Herren sieht, durch Götzen ersetzen: unsere Götzen, die uns gefangen halten in falschen Vorstellungen und Maßstäben.

FÜNFUNDZWANZIGSTER TAG

Kirche

I. Zum Morgen
Der Papst, ein Superstar

Der Weltjugendtag 2005 in Köln bot grandiose Bilder: Tausende junger Menschen auf den Rheinwiesen, zum Teil im Wasser stehend, jubelten einem alten Mann zu, der, ganz in Weiß gekleidet, auf dem Deck eines Schiffes an ihnen vorbeifuhr und ihnen zuwinkte. Zwei Tage später kampierten Hunderttausende im Freien, warteten Stunde um Stunde auf die Feier eines Gottesdienstes, von dem sie viel weniger mitbekamen als jeder, der die Zeremonie am Fernseher verfolgte. Der alte Mann, dem die jungen Leute zujubelten, galt noch vor einigen Jahren als reaktionär; die Wahl des »Panzerkardinals«, wie Medien ihn schon getauft hatten, stieß gerade in seinem Heimatland auf große Zurückhaltung. Am Abend der Papstwahl hörte ich in einer Gaststätte am Nebentisch einen Mann sagen: »So bescheuert können nur die Katholiken sein, dass sie diesen Großinquisitor zum Papst machen.«

Dennoch: Wir sind Papst, und der Papst ist offenbar Kult. Der scheue Intellektuelle Ratzinger baut freilich auf dem Erbe des charismatischen Johannes Paul II. auf. Das Spektakel, das Rom nach seinem Tod erlebte, die Millionen meist junger Pilger, überstieg das bis dahin Gekannte. Ich glaube, dass die Kirche hier eine neue Erfahrung macht und von dieser Erfahrung weiterhin profitieren kann. Der Papst ist, wenn man mit den Worten der Kommunikationswissenschaft spricht, eine ungeheuer starke Marketingfigur, eine Marke, die andere Kirchen der katholischen vielleicht sogar neiden. Mit Johannes Paul II. ist offenbar ein Oberhirte gestorben, den sehr viele Menschen auf der ganzen Welt – und zwar nicht nur Katholiken – als eine hohe moralische Instanz sahen. Vielleicht ist der Papst sogar die einzige Instanz, die weltweit überzeugend für Werte steht: für Frieden, für Vergebung, gegen bloße Konsumorientierung, für geistige Perspektiven unseres Lebens. Die Jugendlichen spüren das, und die Kirche tut gut daran, diese Chance, die ein Auftrag an sie ist, sehr ernst zu nehmen. Nur wenn sie sich dieser Verantwortung stellt und die Begeisterung der jungen Leute nicht als blinde Schwärmerei abtut, kann sie den augenblicklichen Boom des Religiösen aufnehmen und bei dem ein oder anderen in einen lebenslangen Glauben wandeln.

Selten habe ich so viele junge Menschen mit Kreuzen um den Hals gesehen wie in letzter Zeit. Nachdem in den letzten Jahrzehnten insbesondere in Europa eine merkwürdige Gottvergessenheit vorherrschte, empfinden heute viele Menschen offenbar ein Gefühl der Frustration, der Unzufriedenheit, der Leere. Das kann doch nicht das Leben sein! Sie verspüren wieder das Bedürfnis nach religiöser Gemeinschaft, wissen aber nicht so recht, was sie mit ihrer eigenen, der europäischen Religion, mit ihrer christlichen Kirche anfangen sollen. Warum dann nicht etwas anderes? Religion wird deshalb fast zu etwas wie zu einem Produkt. Man sucht sich heraus, was einem gefällt, und manche verstehen Gewinn daraus zu ziehen. Auch bei aller Begeisterung um den Papst muss man sich fragen, ob Benedetto nicht morgen vom nächsten Popstar abgelöst wird. Weil es einem zu mühselig erscheint, sich mit Dingen wie Dreifaltigkeit, der Jungfrau Maria, dem Kreuzestod Christi zu befassen, wählt man etwas vermeintlich Einfacheres, dem eigenen Bild vom modernen Menschen Entsprechenderes. Wenn einem die Vorstellung von ewigem Leben nicht gefällt, greift man eben zur buddhistischen Seelenwanderung.

Ich bin überzeugt davon, dass es keinen Supermarkt der Religionen gibt. Religion per Selbstbedienung hilft uns letztendlich nicht weiter. Sie ist bequem, aber in der Stunde der Krise lässt sie uns allein, weil wir sie nicht in der Tiefe begreifen. Oder weil sie keine Tiefe hat. Religion hat auch mit Kultur zu tun. Bevor wir überhaupt daran denken, dass wir zu etwas anderem greifen, müssten wir das Eigene kennen. Sogar für den Kommunisten Bertolt Brecht war das wichtigste Buch die Bibel. Doch wer liest heute noch darin?

II. Zum Mittag
Fluch auf das Christentum

Ich verurteile das Christentum, ich erhebe gegen die christliche Kirche die furchtbarste aller Anklagen, die je ein Ankläger in den Mund genommen hat. Sie ist mir die höchste aller denkbaren Korruptionen, sie hat den Willen zur letzten auch nur möglichen Korrup-

tion gehabt. Die christliche Kirche ließ nichts mit ihrer Verderbnis unberührt, sie hat aus jedem Wert einen Unwert, aus jeder Wahrheit eine Lüge, aus jeder Rechtschaffenheit eine Seelenniedertracht gemacht. Man wage es noch, mir von ihren »humanitären« Segnungen zu reden! Irgendeinen Notstand abschaffen ging wider ihre tiefste Nützlichkeit, sie lebte von Notständen, sie schuf Notstände, um sich zu verewigen. (...) Der Wurm der Sünde zum Beispiel: mit diesem Notstande hat erst die Kirche die Menschheit bereichert! Die »Gleichheit der Seelen vor Gott«, diese Falschheit, dieser Vorwand für die rancunes *aller Niedriggesinnten, dieser Sprengstoff von Begriff, der endlich Revolution, moderne Idee und Niedergangsprinzip der ganzen Gesellschaftsordnung geworden ist – ist christlicher Dynamit. (...)*

»Humanitäre« Segnungen des Christentums! Aus der humanitas *einen Selbstwiderspruch, eine Kunst der Selbstschändung, einen Willen zur Lüge um jeden Preis, einen Widerwillen, eine Verachtung aller guten und rechtschaffenen Instinkte herauszuzüchten! Das wären mir Segnungen des Christentums! Der Parasitismus als einzige Praxis der Kirche: mit ihrem Bleichsuchts-, ihrem »Heiligkeits«-Ideale jedes Blut, jede Liebe, jede Hoffnung zum Leben austrinkend; das Jenseits als Wille zur Verneinung jeder Realität; das Kreuz als Erkennungszeichen für die unterirdischste Verschwörung, die es je gegeben hat – gegen Gesundheit, Schönheit, Wohlgeratenheit, Tapferkeit, Geist, Güte der Seele, gegen das Leben selbst. (...)*

Diese ewige Anklage des Christentums will ich an alle Wände schreiben, wo es nur Wände gibt – ich habe Buchstaben, um auch Blinde sehend zu machen. (...) Ich heiße das Christentum den einen großen Fluch, die eine große innerlichste Verdorbenheit, den einen großen Instinkt der Rache, dem kein Mittel giftig, heimlich, unterirdisch, klein genug ist – ich heiße es den einen unsterblichen Schandfleck der Menschheit.

(Friedrich Nietzsche: Der Antichrist)

II. Zum Abend
Die heilige katholische Kirche

Im Glaubensbekenntnis bekennen sich Katholiken zur »heiligen katholischen Kirche«. Ich kenne gläubige Menschen, die bei diesem Satz stumm bleiben, weil sie an dieser Anmaßung Anstoß nehmen. Können Menschen heilig sein? Ist die Kirchengeschichte geprägt von besonderer Heiligkeit? Ist die katholische besser als andere Kirchen? Kein Geringerer als der jetzige Papst hat dieses mulmige Gefühl in Worte gefasst:

Sprechen wir ruhig aus, was uns heute an dieser Stelle bedrängt. Wir sind doch, wenn wir uns nichts verheimlichen, versucht zu sagen, die Kirche sei weder heilig noch katholisch: Das Zweite Vatikanische Konzil selbst hat sich dazu durchgerungen, nicht mehr bloß von der heiligen sondern von der sündigen Kir-

che zu sprechen: Wenn man ihm dabei etwas vorwarf, so höchstens dies, dass es noch viel zu zaghaft darin geblieben sei, so stark steht der Eindruck von der Sündigkeit der Kirche in unser aller Bewusstsein.

Tatsächlich sind die Jahrhunderte der Kirchengeschichte erfüllt von menschlichem Versagen. Der Pariser Bischof Wilhelm von Auvergne schrieb bereits im 13. Jahrhundert über die Kirche: »Braut ist das nicht mehr, sondern ein Untier von furchtbarer Ungestalt und Wildheit.« Ich meine, es ist gut, dass Kirche heute nicht mehr direkt mit der Politik verbunden ist, keinen Kaiser mehr krönt und keinen nennenswerten Staat mehr bildet. Dennoch stellt die Kirche heute für viele, die ein Bedürfnis nach Religion haben, das Haupthindernis zum Glauben dar. Jesus und die Bibel, daran könne man glauben, höre ich immer wieder, wenn nur der Papst nicht wäre und dieser verlogene Klerus. Menschen, die so argumentieren, sehen allerdings nur das menschliche Machtstreben, das kleinliche Theater derer, die mit ihrer Behauptung, das amtliche Christentum zu verwalten, dem wahren Geist des Christentums am meisten im Wege stehen.

Antworten auf diese Kritik kann ich nur mit dem Bekenntnis, weshalb ich *dennoch* diese Kirche annehmen kann. Dafür erfordert es freilich einen Perspektivenwechsel. Mit Heiligkeit ist nicht die Heiligkeit der in der Kirche verantwortlichen Personen gemeint. Von ihnen ist niemand heilig, was auch sonst sollen Kleriker sein, wenn nicht ganz normale und damit auch sündige Menschen?

Heilig ist allein das Wort Gottes, das von der Kirche

seit nunmehr fast 2000 Jahren ununterbrochen verkündet wird. Ohne die Kirche gäbe es die Überlieferung des Jesus von Nazareth nicht. Der eigentliche Sinn der Heiligkeit liegt nach christlichem Verständnis in dem Bund, den Gott durch Christus mit den Menschen geschlossen hat. Dieser Bund funktioniert nicht auf der Basis einer Abmachung, die eingehalten werden muss, sondern vorbehalt- und bedingungslos, egal wie die Menschen damit umgehen. Das allein meint »Heiligkeit«. Die Kirche zeugt in ihrer Tradition von diesem Bund. Das Paradoxe ist, dass sich diese Heiligkeit oft in unwürdigen Händen präsentiert. Ich zitiere noch einmal Joseph Ratzinger:

> *Für mich hat gerade die unheilige Heiligkeit der Kirche etwas unendlich Tröstendes an sich. Denn müsste man nicht verzagen vor einer Heiligkeit, die makellos wäre und die nur richtend und verbrennend auf uns wirken könnte?*

Leider reiben sich viele an den unheiligen Randthemen der Kirche. Diese lässt sich aber auch darauf ein, hat auch Schuld daran, dass man sie so leichtfertig ablehnen kann. Der Umgang der Kirche mit der Sexualität, jener der Kleriker ebenso wie jener von Paaren, die keine Kinder zeugen möchten, ist dafür das beste Beispiel. Was aber ist die Sexualmoral, was ist der immer wieder von Leuten, die überhaupt nichts damit zu tun haben, so gern ins Feld geführte Zölibat gegen das Eigentliche der Kirche? Gegen das Trösten, das Beistehen, die Sakramente, gegen Vergebung, gegen das ewige Leben? Ich bin überzeugt davon, dass die wirklich Glaubenden dem Kampf um die Reorganisation kirchlicher Formen keine allzu große Bedeutung beimessen. Kirche ist nämlich nicht der Vatikan, sondern findet statt in den Menschen, die glauben, die in ihrem Glauben ein großes Geschenk für ihr Leben sehen und gemeinsam ihren Glauben feiern. Man sollte sich nicht zu sehr am Bodenpersonal der Kirche reiben!

Bleibt die Frage, was nun katholisch bedeutet. »Katholisch« kommt aus dem Griechischen und meint allumfassend – wie im übrigen auch das Wort »ökumenisch«. Tatsächlich aber ist die christliche Kirche zersplittert in viele Kirchen und trotz aller Bemühungen um die Ökumene alles andere als katholisch. Jede Kirche nimmt für sich in Anspruch, im Recht zu sein. Katholisch meint aber eine Einheit über alle Unterscheidungen und Trennungen hinweg – und zwar nicht nur über die Ortskirchen und christlichen Konfessionen. Katholisch heißt in der Vielheit eine Einheit bilden, ein Zeichen setzen in der zerrissenen Welt. Katholisch weist damit über die Spaltung in Nationen, Ethnien, Sprachen, Kulturen, Arm und Reich hinweg. Katholisch sein ist ein ungeheurer Anspruch, wenn man ihn ernst nimmt!

IV. Zum Schlafengehen
Kirche muss Freude machen

Ich persönlich bin trotz meiner Schwierigkeiten mit dem Klosterleben, trotz meines Zweifels am Glauben und an der Kirche gerne Katholik. Ich fühle mich in katholischen Messfeiern sofort zu Hause. Der Grund dafür liegt in der Liturgie. Die meisten Riten sind weltweit gleich, vertraute Melodien laden zum Mitsingen und gemeinsame Körperhaltungen zum Mitmachen ein. Ich empfinde dann das, was die Griechen unter »Symbol« verstehen, etwas, das zusammenfällt, zusammenpasst. Der eine hat von einem Stück die eine, der andere die andere Hälfte. Wenn sie sich treffen, erkennen sie am Symbol, dass sie zusammengehören.

Ich bin aber überzeugt davon, dass im Vordergrund von Kirche nicht moralische Regeln und Verbote stehen dürfen, sondern dass Kirche das Herz weit machen muss. Nur wenn Menschen gerne Christen, Katholiken sind, werden sie auch mit Eifer ihr Leben hinterfragen. Zwang oder schlechtes Gewissen sind eine ganz schlechte Antriebsfeder. Bestand hat nur das, was Menschen freiwillig tun.

Auch in der Kirche müsste es heißen: *magis prodesse quam praeesse.* Auf deutsch: Mehr helfen als vorstehen! Die Amtsträger sollen nach einem Wort des Apostels Paulus »Diener eurer Freude« und nicht Herren über den Glauben sein.

SECHSUNDZWANZIGSTER TAG

Das Eigene und das Fremde

I. Zum Morgen

Anders sein wollen

Ich bin nicht Stiller! – Tag für Tag, seit meiner Einlieferung in dieses Gefängnis, das noch zu beschreiben sein wird, sage ich es, schwöre ich es und fordere Whiskey, ansonst ich jede weitere Aussage verweigere. Denn ohne Whiskey, ich hab's ja erfahren, bin ich nicht ich selbst, sondern neige dazu, allen möglichen guten Einflüssen zu unterliegen und eine Rolle zu spielen, die ihnen so passen möchte, aber nichts mit mir zu tun hat, und da es jetzt in meiner unsinnigen Lage (sie halten mich für einen verschollenen Bürger ihres Städtchens!) einzig und allein darum geht, mich nicht beschwatzen zu lassen und auf der Hut zu sein gegenüber allen ihren freundlichen Versuchen, mich in eine fremde Haut zu stecken, unbestechlich zu sein bis zur Grobheit, ich sage: Da es jetzt einzig und allein darum geht, niemand anders zu sein als der Mensch, der ich in Wahrheit leider bin, so werde ich nicht aufhören, nach Whiskey zu schreien, sooft sich jemand meiner Zelle nähert.

(Max Frisch)

In seinem Roman hat Max Frisch das Thema Identität, das sein ganzes Werk durchzieht, auf die Person des Stiller zugespitzt. Bei der Einreise in die Schweiz wird Mr. White festgenommen, weil er für die Grenzpolizei mit dem verschwundenen Bildhauer Anatol Ludwig Stiller identisch ist. Frühere Freunde, sein Bruder, seine Frau bestätigen das. Stiller aber wehrt sich in seinen Aufzeichnungen aus der Untersuchungshaft gegen diese Festlegung mit Händen und Füßen. In immer neuen Erzählungen versucht er, dieser Festlegung zu entgehen, weil ihm diese, seine Identität fragwürdig geworden ist und weil er sich die Freiheit der Wahl, ein anderer zu sein, erhalten will.

Ich bin mir sicher, dass Max Frisch in seiner Romanfigur sehr verbreitete Wünsche widerspiegelt: Ich bin nicht der, der ihr glaubt, dass ich bin. Ich bin ein anderer, als der ich wahrgenommen werde. Ich will anders sein, als ich mich selbst wahrnehme. Wer hat sich diesbezüglich noch nie etwas vorgemacht? Doch dem Eigenen kann man auch mit noch soviel Whiskey nicht entfliehen. Flucht vor dem Eigenen gleicht tatsächlich dem Mechanismus von Sucht, wenn man sie als inneren Zwang versteht, einem Konflikt mit oder einem Aspekt in sich, der einem nicht gefällt, vielleicht sogar Angst macht, mit Hilfe eines Mittels zu entfliehen, das zumindest für eine gewisse Zeit Wohlgefühl verbreitet und das schwierige Eigene wegblendet. Eine außereheliche Affäre etwa kann man in diesem Sinn als Sucht sehen, im Übrigen mit einem erheblichen Belohnungseffekt, wie Psychologen herausgefunden haben: Der eigene Konflikt ist in den Momenten mit dem/der anderen weg, und der/die andere spiegelt einem angenehme Gefühle wider. Auch in beruflicher Aktivität und Sport kann sich Davonlaufen als Sucht manifestieren. Dabei besteht die einzige Alternative zur Flucht vor dem Eigenen darin, es sich in einem ersten Schritt bewusst zu machen und dann anzunehmen, wertzuschätzen, im besten Fall lieben zu lernen.

Ich kenne Bayern, die sich ihren Dialekt abtrainieren, weil sie darunter leiden, wenn sie mit ihrem rollenden R und den breiten Vokalen auffallen. Noch mehr leiden offenbar junge Sachsen an ihrem Idiom. In vielen Landstrichen Deutschlands wird heute kein richtiger Dialekt mehr gesprochen, meistens ein Hochdeutsch mit Einsprengseln und Einfärbungen. Das Bayerische scheint sich zwar noch stärker zu halten als andere Dialekte, trotzdem dürfte es auch in München nicht mehr viele Familien geben, in denen zu Hause reiner Dialekt gesprochen wird. Geschweige denn in Schulen oder in Behörden. Dennoch geht es auch anders: Ich erinnere mich an den Pressesprecher einer großen Aktiengesellschaft, die nicht in Bayern sitzt, der aber, mit wem auch immer, ausschließlich bayerischen Dialekt spricht – wohlgemerkt: nicht Akzent. Ich habe selbst, wenn ich außerhalb Bayerns vortrage, eine gemäßigte Mischform entwickelt, die mich aber, kaum dass ich den Mund aufmache, sofort als Bayern erkennen lässt.

Das Eigene verdrängen freilich nicht nur Individuen, sondern auch Kollektive gern. Große Teile der bundesdeutschen Nachkriegsgesellschaft haben den Nationalsozialismus im beginnenden Wirtschaftswunder augenscheinlich vergessen, er musste erst von der folgenden

Generation wieder auf den Tisch gebracht werden. Es liegt zwar noch kein Verdrängen, wohl aber eine unklare, unbewusste Haltung zugrunde, wenn wir uns heute mit gewissen kollektiven Aspekten unseres eigenen Seins schwer tun: Das gilt für unsere Sprache, die nicht nur unter Wissenschaftlern und Managern entsetzlich von Anglizismen entstellt wird. Auch im Alltagsdeutsch fangen Menschen ohne jedes Bewusstsein, ohne jede Wertschätzung für das Deutsche an, zu brainstormen, zu providen, sich zu daten oder zu mailen. Das Eigene, unsere Sprache, erfährt meiner Meinung nach vielfach nicht die Wertschätzung, die es verdient.

Das gilt für die Kultur ebenso wie für unsere schwierige, aber auch nicht nur dunkle Geschichte sowie in besonderer Weise für unsere Religion, das Christentum. Kritik, etwa durch die Kunst, auch Schmähungen, wie wir sie dem Christentum gegenüber als erlaubt und richtig ansehen, wären so gegen das Judentum oder den Islam nicht denkbar. Ihre Haltung zu Religion im Allgemeinen und zum Christentum im Besonderen ist vielen Menschen heute nicht klar.

II. Zum Mittag
Akzeptanz

Dich

Dich dich sein lassen
ganz dich

Sehen
dass du nur du bist
wenn du alles bist
was du bist
das Zarte
und das Wilde
das was sich losreißen
und das was sich anschmiegen will

Wer nur die Hälfte liebt
der liebt dich nicht halb
sondern gar nicht
der will dich zurechtschneiden
amputieren
verstümmeln

Dich dich sein lassen
ob das schwer oder leicht ist?
Es kommt nicht darauf an mit wie viel
Vorbedacht und Verstand
sondern mit wie viel Liebe und mit wie viel
offener Sehnsucht nach allem –
nach allem
was du ist

Nach der Wärme
und nach der Kälte
nach der Güte
und nach dem Starrsinn
nach deinem Willen

und Unwillen
nach jeder deiner Gebärden
nach deiner Ungebärdigkeit
Unstetigkeit
Stetigkeit

Dann
ist dieses
dich dich sein lassen
vielleicht gar nicht so schwer

(Erich Fried)

III. Zum Abend
Das Fremde annehmen

Die wunderschönen Worte Erich Frieds klingen, als ob alles einfach wäre: das Fremde, das Andere anzunehmen, es so sein lassen zu können, wie es ist. Das Gegenteil ist der Fall, schließlich bedarf es dazu einer wichtigen Voraussetzung: dass man das Eigene angenommen hat, es in allen seinen angenehmen und besonders in den unangenehmen Facetten wertschätzt, dadurch erst in ihm und in sich ruhen kann. Wer sich stets nur im anderen spiegelt, wer sich nur durch andere bestätigt sieht, wird scheitern, wenn es daran geht, den anderen, das Andere zu akzeptieren.

Das gilt bei weitem nicht nur für die Beziehung zwischen zwei Menschen. Ein gutes politisches Beispiel dafür ist der mögliche EU-Beitritt der Türkei, demgegenüber viele heute ein ungutes Gefühl haben. Die Diskussion müsste ehrlicherweise darüber geführt werden, wie sich Europa heute kulturell definiert. Weil wir uns aber unserer eigenen Position so unsicher sind, tun wir uns so schwer mit einer Position der Türkei gegenüber. Lieber sprechen wir über Menschenrechte in der Türkei und die Kosten des Beitritts. Oder über die NATO-Treue der Türkei und die politischen Vorteile einer Aufnahme. Weil wir uns keine Haltung uns selbst gegenüber zutrauen, verhalten wir uns der Türkei gegenüber unehrlich und unfair.

An und für sich, denken wir, haben wir mit den Türken im Besonderen, mit Fremden im Allgemeinen kein Problem: Wir sind doch liberal und multikulturell, essen heute beim Thailänder und morgen beim Perser. Wir beschäftigen uns mit Naturreligionen Afrikas und lesen Bücher des Dalai Lama – was soll daran verkehrt sein? Im Prinzip nichts, jedes Wissen weitet, doch der Dalai Lama selbst weist uns den Weg, wenn er Buddhismusfans im Westen antwortet: Werdet lieber ordentliche Christen! Davon ist aber keine Spur, gerade im Religiösen geht es mir manchmal zu wie im Supermarkt: Jeder greift sich das, was ihm gerade attraktiv erscheint. Gleichzeitig verstören uns andere Religionen, über die wir begierig Bücher lesen und Volkshochschulkurse belegen: die vollverschleierte Türkin, der orthodoxe Jude, der betende Moslem am Arbeitsplatz, der Missbrauch des Islams für politische Zwecke. Ich befürchte, es handelt sich auch hier um die verloren gegangene Position zur eigenen Religiösität, die uns anderes dann doch nicht akzeptieren lässt.

Ich nenne noch ein Beispiel: Fremdenfeindlichkeit ewa ist im Grunde immer eine Form der Selbstfeindlichkeit. Denn nur wer um sich selbst fürchtet, fürchtet sich vor dem anderen. Wer sich seiner eigenen Position aber sicher ist, kann andere offen und gelassen annehmen.

IV. Zum Schlafengehen
Aus der Distanz wieder zur Nähe finden

Manchmal muss man das Eigene erst völlig verlassen, um es wiederzufinden und annehmen zu können. Partner finden manchmal erst aus der Distanz die Liebe zum anderen wieder. Was sie dann, nach der Entfernung, miteinander teilen, ist oft größer und stärker als zuvor. Emigranten erkennen oft erst im Ausland, dass sie eine Heimat haben und wie sehr sie diese lieben. Ich erinnere mich an einen jungen Mann, der mit zwanzig aus der Kirche austrat, weil er mit der katholischen Sexualmoral nicht leben wollte und das Papsttum als undemokratisch ansah. Mehr als zehn Jahre ging er in keine Kirche mehr und war der festen Überzeugung, er könne ganz allein für sich Christ bleiben. Eines Tages aber bat ihn ein Freund aus der früheren DDR, der atheistisch aufgewachsen war, mit ihm doch mal in einen Gottesdienst zu gehen. An einem Ostersonntag gingen sie in Berlin in die Hedwigskathedrale. Dem Ausgetretenen wurde es in der Liturgie, die er so gut kannte, weil er viele Jahre Ministrant gewesen war, warm ums Herz und er merkte in diesem Moment, dass Kirche ihm gut tut. Inzwischen ist er wieder eingetreten.

Er findet die Sexualmoral der Kirche heute nicht weniger befremdlich – hat aber gemerkt, dass diese Frage für ihn doch nicht so wichtig ist. Er hat aus der Distanz wieder Nähe zu seinem Eigenen, seiner emotionalen Heimat gefunden.

Das Motiv der klaren Trennung des Eigenen vom Fremden, des Ausziehens und Wanderns, um erfahrener, gewachsener, erwachsener zurückzukommen, hat Hermann Hesse in seinem fast märchenhaften Buch »Narziß und Goldmund« ausgearbeitet. Es geht um den jungen Goldmund, der im späten Mittelalter als Schüler ins Kloster Mariabronn einzieht. Er trifft hier auf den sensiblen und intellektuellen Narziß, einen der begabtesten Schüler, der sich zu einem asketischen Leben innerhalb der Klostermauern berufen fühlt und eine geistliche Karriere anstrebt. Obwohl Goldmund ein völlig gegensätzlich veranlagter Mensch ist, schließen die beiden Freundschaft.

Wie der von ihm zutiefst bewunderte Narziß möchte Goldmund zunächst Mönch werden. Doch Narziß erkennt, dass sein Freund von verdrängten, gleichwohl mächtigen inneren Trieben bewegt wird, die ihn eher für ein ungebundenes, der Liebe und der Kunst gewidmetes Leben prädestinieren. Er hilft Goldmund dabei, sein Seelenleben zu erforschen und seine inneren Antriebe zu erkennen, und ermutigt ihn, das Kloster zu verlassen.

Goldmund begibt sich auf eine unstete Wanderschaft. Er erlebt den Zauber der Liebe, lernt die Freiheit kennen und schätzen, tötet einen Vagabunden und erkennt eines Tages beim Betrachten eines Marienbilds in einer Kirche, dass er sich zum Künstler berufen fühlt. Beim ehrwürdigen Meister Niklas geht Goldmund in die Lehre und erlernt das Bildhauerhandwerk. Doch bald zieht es ihn wieder hinaus auf Wanderschaft, und eine Reihe wilder Abenteuer schließen sich an. Nachdem die Pest eine Geliebte hingerafft hat, will er zu Meister Niklas zurückkehren, doch auch dieser ist bereits gestorben. Als Goldmund schließlich bei der Verführung der Geliebten des kaiserlichen Statthalters ertappt wird, wird er zum Tode verurteilt. Erst im letzten Moment wird er begnadigt – auf das Einwirken Narziß' hin, der mittlerweile Abt ist. Für kurze Zeit lebt Goldmund nun bei Narziß im Kloster, doch wiederum hält er es nicht lange aus und bricht bald wieder auf. Erst sterbenskrank kehrt er zu Narziß ins Kloster zurück, der ihn wie stets voller Liebe aufnimmt. Goldmund stirbt in den Armen seines Freundes.

SIEBENUNDZWANZIGSTER TAG

Gott

I. Zum Morgen
Gottesbilder

Das erfuhr ich bei den Menschen
als das erstaunlichste Wissen,
dass die Erde nicht war, noch das Firmament,

weder Baum …, noch Berg,
kein Stern und auch die Sonne nicht schien,
noch der Mond leuchtete
und auch das herrliche Meer nicht war.
Als da nichts existierte an Enden und Wenden,
da war der eine allmächtige Gott,
das freigiebigste aller Wesen,
und bei ihm waren viele herrliche Geister.
Und Gott ist heilig …

Gott, allmächtiger, der du Himmel
und Erde erschaffen
und den Menschen soviel Gutes gegeben hast,
gewähre mir in deiner Güte rechten Glauben
und guten Willen,
Weisheit und Klugheit und Kraft,
dem Teufel zu widerstehen
und das Böse zu meiden
und deinen Willen zu tun.

Das Wessobrunner Gebet ist etwa um 800 vermutlich im damaligen Kloster Sankt Michael auf einer Insel im Staffelsee entstanden. Es gilt als das älteste überlieferte christliche Gedicht in althochdeutscher Sprache und eines der ältesten Sprachdokumente des Deutschen überhaupt. Mich hat dieses Gebet immer tief beeindruckt, nicht nur durch seine wunderbare Sprache, sondern vor allem, weil es zeigt, dass die Menschen, die vor 1200 Jahren in Bayern lebten, in einem Land, das gerade erst christianisiert worden war, sich von Gott keine sehr viel andere Vorstellung machten, als wir es heute tun. Für sie war Gott ebenso Schöpfer, die erste Ursache der Welt, wie Beistand des Menschen, der Hilfe, Weisheit, Klugheit und Kraft schenkt.

Die Wahrheit ändert sich also nicht, nur entwickelt jede Epoche eine ihr gemäße und für sie verständliche Deutung. Jede Zeit hat deshalb andere Qualitäten des Gottesbildes in den Vordergrund gestellt. Im Zeitalter der Agilolfinger-Herzöge in Bayern und der Karolinger im Frankenreich war das vor allem die Größe und Herrlichkeit Gottes – kein Wunder, wenn man berücksichtigt, dass das 8. Jahrhundert in Süddeutschland geprägt war von der Etablierung des Christentums in gerade erst missionierten Gebieten. Die Mönche mussten damals heftig für Gott werben. Dass sie ihn als das größte Wunder beschrieben, ist insofern auch als ein Stück Argumentations- und Überzeugungshilfe zu sehen. Andere Zeiten entwickelten andere Ausprägungen der Gottesvorstellung: Das hohe Mittelalter, als die Menschen jederzeit mit dem Weltenende rechneten, sah in Gott vor allem den Richter, der die Gerechten von den Verdammten scheidet. Auch die Zeit des Marxismus brachte eine eigene Vorstellung hervor: Befreiungstheologen in Südamerika rechtfertigten politischen Aufstand und Rebellion gegen Unterdrückung mit dem Wort Gottes im Neuen Testament.

Gott und Religion lassen sich politisch missbrauchen. Der islamistische Terror ist dafür leider das beste Beispiel. Die jungen Männer des 11. September sind nach allem, was man weiß, mit der Überzeugung in die Flugzeuge gestiegen, dass diese Attentate im Sinne Gottes und gerecht seien. Ich habe bewusst den Begriff »Islamismus« und nicht »Fundamentalismus« gebraucht, denn der Islam verbietet, gerade wenn man ihn fundamental, also von seinen Grundlagen her, begreift, Mord und Totschlag. Auch der Islam ist eine Religion der Liebe! Islamismus hingegen bedeutet, dass der Islam für politische Zwecke missbraucht wird. Wir haben es bei Al Quaida und allen anderen Terroristen, die den Nahen Osten und die ganze Welt in Atem halten, mit schlimmen Verbrechern, politisch Größenwahnsinnigen, persönlich schwer gestörten Menschen zu tun, jedoch sicherlich nicht mit religiösen Menschen. Ebenso wenig wie es sich bei Stalin um einen Marxisten gehandelt habe dürfte. Wir dürfen bei der Bewertung islamistischen Terrors nicht vergessen, dass auch unser Christentum gegen Missbrauch keineswegs gefeit war, wenn wir etwa an die Kreuzzüge denken, die brutale Missionierung Südamerikas, die Hexenverbrennungen. Das waren alles »heilige« Kriege.

II. Zum Mittag
Von der Religion

Und ein alter Priester sagte: Sprich uns von der Religion. Und er antwortete: Habe ich heute von etwas anderem gesprochen? Ist nicht jede Tat und jede Betrachtung Religion? Und ist sie nicht gleichzeitig weder Tat noch Nachdenken, sondern ein Wunder und eine Überraschung, die ewig der Seele entspringen, selbst wenn die Hände den Stein behauen oder den Webstuhl bedienen?

Wer kann seinen Glauben von seinen Taten trennen oder seinen Glauben von seinen Tätigkeiten? Wer kann seine Stunden vor sich ausbreiten und sagen: »Dies für Gott und dies für mich; dies für meine Seele und dies für meinen Körper?« All eure Stunden sind Flügel, die von Ich zu Ich durch den Raum gleiten. Wer seine Sittlichkeit bloß als sein bestes Gewand trägt, wäre besser nackt. Der Wind und die Sonne werden keine Löcher in seine Haut reißen.

Und wer seinen Lebenswandel durch die Sittenlehre begrenzt, sperrt seinen Singvogel in einen Käfig. Das freieste Lied dringt nicht durch Gitter und Draht. Und wem die Andacht ein Fenster ist, das man öffnet und schließt, der hat noch nicht das Haus seiner Seele besucht, dessen Fenster von Morgenröte zu Morgenröte reichen. Euer tägliches Leben ist euer Tempel und eure Religion. Wann immer ihr ihn betretet, nehmt alles mit, was ihr habt. Nehmt den Pflug und den Amboss und den Hammer und die Laute, die Dinge, die ihr aus Notwendigkeit oder zur Freude geschaffen habt. Denn in euren Tagträumen könnt ihr euch nicht über eure Leistungen erheben und auch nicht tiefer fallen als eure Misserfolge. Und nehmt mit euch alle Menschen: Denn in der Anbetung könnt ihr nicht höher fliegen als ihre Hoffnungen und euch nicht tiefer erniedrigen als ihre Hoffnungslosigkeit.

Und wenn ihr Gott erkennen wollt, bildet euch deshalb nicht ein, die Rätsel lösen zu können. Schaut lieber um euch, und ihr werdet sehen, wie Er mit euren Kindern spielt. Und schaut in den Raum; ihr werdet sehen, wie Er in der Wolke geht und Seine Arme im Blitz ausstreckt und im Regen herabsteigt. Ihr werdet sehen, wie Er in den Blumen lächelt, aufsteigt und aus den Bäumen winkt.

(Khalil Gibran)

III. Zum Abend
Über Gott sprechen

Der Prophet, den Khalil Gibran über Gott sprechen lässt, ist sich sicher, dass dieser das ganze Leben umfasst, dass man nicht zwischen Religiösem und Nicht-Religiösem trennen kann. Die dahinter liegende Vorstellung gefällt mir sehr, ich glaube auch, dass Gott alles ist, was wir tun. Alles, was uns freut. Alles, wovor wir uns fürchten. Alles, was uns gelingt und worin wir scheitern. »Habe ich heute von etwas anderem als von Gott gesprochen?« antwortet der Prophet mit großer Selbstverständlichkeit.

Wir hingegen tun uns schwer, über Gott zu sprechen. Dazu beigetragen hat die geistesgeschichtliche Entwicklung in Europa, die Gott, der im Mittelalter noch unbestritten als Bestandteil, nämlich Ursache und Ende der Welt angesehen wurde, mehr und mehr aus der Natur und der Wissenschaft hinaus ins Private, Subjektive drängte. Dadurch entstand erst der angebliche Widerspruch zwischen Glauben und Wissenschaft. Die Theologie ihrerseits ignorierte in eigener Sturheit lange Zeit naturwissenschaftliche Erkenntnisse wie etwa die Lehre Darwins und trug damit ebenfalls zur Untermauerung des

Bilds vom unüberbrückbaren Widerspruch bei, der eine Reihe von evangelikalen Kirchen in den USA heute wieder verstärkt umtreibt. Ich bin überzeugt davon, dass es diesen Widerspruch gar nicht gibt!

Gleichwohl empfinden ihn die meisten Menschen und scheuen das Thema Gott. Zwar antwortet bei Befragungen die Mehrheit auch der Deutschen, dass sie an Gott glauben. Dennoch trauen sich nur wenige, über ihre ganz persönliche Vorstellung von Gott zu sprechen. Irgendwie gehört sich das nicht. Wir sind liberal und akzeptieren Glauben bei anderen. Über das Subjektive hinaus hingegen trauen wir Gott (und uns) aber keine Aussagekraft zu. Stattdessen diskutieren und analysieren wir lieber um ihn herum: etwa über Missstände in der Kirche oder den phänomenalen Pilgerstrom anlässlich des Todes von Papst Johannes Paul II.

Die Ursache für unsere Sprachlosigkeit liegt meines Erachtens darin, dass wir keine klare Vorstellung von Gott, von unserem Gott haben. Unser Gottesbild ist oft ein selbst geschnitztes, das sich mal hier bedient, mal dort. Wenn wir aber kein klares Bild davon haben, woran wir glauben, können wir auch nicht davon sprechen. Dann halten wir es besser mit dem Philosophen Friedrich Wittgenstein, der forderte, worüber man nichts sagen könne, müsse man schweigen. In der Tat erfahre ich Gott immer wieder gerade auch im Schweigen.

Dennoch können wir über ihn auch eine ganze Menge sagen – wir müssen uns dabei nur klarmachen, dass wir nur einen Bruchteil dessen, was Gott ausmacht, erkennen können. Ich finde, ein guter Ausgangspunkt, um zu Aussagen über Gott zu finden, ist die Naturwissenschaft. Vielleicht sogar der einfachste. Mich hat in meiner Zeit des Zweifels gerade die Physik wieder an Gott herangeführt. Der Urknall kann nämlich durchaus als göttlich bezeichnet werden. Für uns ist es unvorstellbar, was die Physik beschreibt: Im Urknall flog die auf einen winzigen Raum zusammengedrückte gesamte Masse des Universums in Bruchteilen einer Sekunde auseinander. Erst im Urknall begannen die uns bekannten Naturkräfte und -gesetze zu wirken. Für die Zeit davor kann die Naturwissenschaft keine Aussagen treffen! Nach Einsteins Relativitätstheorie kann vor dem Urknall, also im Zustand der dicht zusammengedrängten Universumsmasse, Zeit nicht existiert haben.

Wir kommen hier also allein mit naturwissenschaftlichen Überlegungen an einen Zustand heran, den die Bibel als Ewigkeit kennt. Dieser Zustand könnte nach Überlegungen von Physikern sogar wieder eintreten: Man ist sich noch nicht einig über die zukünftige Entwicklung des Universums: Entweder es dehnt sich unendlich aus oder irgendwann dreht sich die Bewegung wieder um und das Universum beginnt zu schrumpfen und am Ende in einem umgekehrten Urknall in sich zusammenzustürzen. Wir hätten dann wieder jenen zeitlosen, naturgesetzlosen Zustand.

Wenn wir Gott als Wahrheit zulassen, und zwar als einen Gott, der nicht im Gegensatz zur Wahrheit der Naturgesetze steht, dann können wir ihn auch in ganz anderen Erscheinungen finden. Wir müssen uns nur klar machen, dass unser Mensch-Sein aus mehr als nur biologischem Sein besteht. Dass unsere Vernunft aber blind sein kann für die nichtmateriellen Aspekte unseres Seins. Das weiß jeder, der schon einmal anders handelte, als er fühlte. Wenn wir das begreifen, werden wir das ein oder andere Wunder erleben: Die Natur ist ein göttliches Wunder, das wir mit der reinen Naturwissenschaft nur ungenügend beschreiben. Der Mensch und seine erstaunlichen Fähigkeiten, die ihn von allen anderen Lebewesen unterscheiden, ist ein ebensolches. Unser Verstand, dessen Ausbildung nach Darwins Gesetzen nicht notwendig gewesen wäre, macht uns einzigartig. Wir können uns entwickeln, uns reflektieren, in Frage stellen, lernen, geistig wachsen. Unsere Gefühle kann man nach meiner Überzeugung mit Biochemie nicht annähend beschreiben. Nur der Mensch unterscheidet zwischen gut und böse. Die dem Menschen immanente Sinnsuche verweist uns Zeit unseres Lebens auf eine Transzendenz. Der Tod beschäftigt nur uns Menschen, kein anderes Lebewesen.

Das alles sind starke Indizien, finde ich. Dennoch kann uns unser Verstand, die bloße Neugier des Geistes, der Zweifel und die Fähigkeit zum Hinterfragen, was Gott betrifft, niemals sehend machen. Deshalb laufen selbst die klugen Gottesbeweise des Thomas von Aquin letztendlich alle ins Leere. Was für ein Gott Gott genau ist, weiß niemand, auch nicht der Papst. Wir sollten deshalb, wenn wir Gott suchen, auch auf andere Wege zu ihm achten. Gott muss man auch und vielleicht in erster Linie erfahren. Ich persönlich finde ihn leichter in Mystik und Spiritualität als in Gottesbeweisen. Diese Wege zu Gott aber muss man erst finden und gehen lernen. Sie liegen selten offen vor einem. Ich ermuntere deshalb dazu, traditionelle Formen von Mystik und Spiritualität auszuprobieren, sie zu üben und Gott darin zu suchen.

IV. Zum Schlafengehen
Spuren im Sand

Mit meinem früheren Abt Odilo Lechner besuchte ich als Novize oft das Konzentrationslager Dachau bei München, wo er Beichtvater der Karmelitinnen in der Gedenkstätte auf dem Gelände des Naziterrors war. Jedes Mal sah ich mir die Ausstellung an, das Krematorium, die Baracken, und war immer den Tränen nahe. Mich trieb eine einzige Frage: Wo war Gott in dieser Zeit, wo war er für diese armen Menschen, die hier grausam gequält und ermordet wurden?

Viele Menschen haben eine Vorstellung von Gott als dem Allmächtigen. Wir beten: Bitte hilf! Bitte mach! Bitte verschone! Dahinter steckt die Hoffnung, dass Gott immer wieder helfend, korrigierend in die Welt eingreifen möge. Warum aber sollte er uns dann unsere Freiheit gegeben haben, die Freiheit nämlich, Gutes oder Schlechtes zu tun? Warum auch sollte er Naturgesetze geschaffen haben, wenn er sie immer wieder mal außer Kraft setzt?

Meiner Ansicht nach sollten wir uns Gott eher als Ohnmächtigen vorstellen, so wie Jesus am Kreuz, der gedemütigt, gequält und getötet wird. Die Menschwerdung, oder wie die Theologen sagen, die Erniedrigung Gottes im Schicksal Jesu, der am Kreuz scheitert, ist meines Erachtens der Schlüssel zum Verständ… sche Philosoph Gianni Vattimo ha…ttes. Der italieni- den Glauben an den allmächtigen, inte… mir geholfen, abzulegen und ihn vielmehr in der ungehe…renden Gott sehen, die es erfordert, schwach zu sein, sic… Stärke zu lassen, loszulassen, zu akzeptieren, sich hintanzus…agen zu …llen, erst dadurch zu wachsen.

Gott suchen heißt unterwegs sein, schrieb Benedikt, und zwar unterwegs sein im Vertrauen darauf, dass Gott dabei ist. Das Geheimnis Gottes offenbart sich in seinem alttestamentlichen Namen: Gott ist Jahwe, der »Ich bin da«! Es gibt die schöne Parabel eines an Gott Zweifelnden, der auf sein Leben zurückblickt und zwei Spuren im Sand sieht, an manchen Stellen aber nur eine. Er ruft zu Gott: »Du sagst, du seiest immer bei mir gewesen, aber an allen Stellen, an denen es mir gut ging, sehe ich zwei Spuren im Sand. Hingegen, immer wenn es mir schlecht ging, ist nur eine Spur zu sehen.« »Kein Wunder«, sagt Gott. »Dort habe ich dich auch getragen.« Gott ist nicht der Erlöser von irdischen Schwierigkeiten. Er ist der Tröster. Er ist der, der da ist, mit uns ist, uns stärkt, unterstützt. Unser Leben müssen wir freilich selbst meistern.

ACHTUNDZWANZIGSTER TAG

Gönne dich dir selbst

Aus einem Brief des Abtes Bernhard von Clairvaux (1090–1153) an Papst Eugen III., der sein Mönch gewesen war:

Wo soll ich anfangen? Am besten bei deinen zahlreichen Beschäftigungen, denn ihretwegen habe ich am meisten Mitleid mit dir. Ich fürchte, dass du, eingekeilt in deine zahlreichen Beschäftigungen, keinen Ausweg mehr siehst und deshalb deine Stirn verhärtest; dass du dich nach und nach des Gespürs für einen durchaus richtigen und heilsamen Schmerz entledigst. Es ist viel klüger, du entziehst dich von Zeit zu Zeit deinen Beschäftigungen, als dass sie dich ziehen und dich nach und nach an einen Punkt führen, an dem du nicht landen willst.

Du fragst an welchen Punkt? An den Punkt, wo das Herz anfängt, hart zu werden. Frage nicht weiter, was damit gemeint sei; wenn du jetzt nicht erschrickst, ist dein Herz schon soweit.

Das harte Herz ist allein; es ist sich selbst nicht zuwider, weil es sich selbst nicht spürt. Was fragst du mich? Keiner mit hartem Herzen hat jemals das Heil erlangt, es sei denn, Gott habe sich seiner erbarmt und ihm, wie der Prophet sagt, sein Herz aus Stein weggenommen und ihm ein Herz aus Fleisch gegeben.

Wenn du dein ganzes Leben und Erleben völlig ins Tätigsein verlegst und keinen Raum mehr für die Besinnung vorsiehst, soll ich dich da loben? Darin lob ich dich nicht. Ich glaube, niemand wird dich loben, der das Wort Salomons kennt: »Wer seine Tätigkeit einschränkt, erlangt Weisheit« (Sir 28,25). Und bestimmt ist es der Tätigkeit selbst nicht förderlich, wenn ihr nicht die Besinnung vorausgeht.

Wenn du ganz und gar für alle da sein willst, nach dem Beispiel dessen, der allen alles geworden ist (1 Kor 9,22), lobe ich deine Menschlichkeit – aber nur, wenn sie voll und echt ist. Wie kannst du aber voll und echt sein, wenn du dich selbst verloren hast? Auch du bist ein Mensch. Damit deine Menschlichkeit allumfassend und vollkommen sein kann, musst du also nicht nur für alle anderen, sondern auch für dich selbst ein aufmerksames Herz haben.

Denn, was würde es dir sonst nützen, wenn du – nach dem Wort des Herrn (Mt. 16,26) – alle gewinnen, aber als einzigen dich selbst verlieren würdest? Wenn also alle Menschen ein Recht auf dich haben, dann sei auch du selbst Mensch, der ein Recht auf sich selbst hat. Warum solltest einzig du selbst nicht von dir alles haben? Wie lange bist du noch ein Geist, der auszieht und nie wieder heimkehrt (Ps 78,39)? Wie lange noch schenkst du allen anderen deine Aufmerksamkeit, nur nicht dir selber? Ja, wer mit sich schlecht umgeht, wem kann der gut sein?

Denk also daran: Gönne dich dir selbst. Ich sage nicht: Tu das immer, ich sage nicht: Tu das oft, aber ich sage: Tu es immer wieder einmal. Sei wie für alle anderen auch für dich selbst da, oder jedenfalls sei es nach allen anderen.

Schlusswort

... nach 28 Tagen

Ich nehme an, dass viele Leser dieses Buch nicht unbedingt nach Art der Stundenbücher gelesen haben: vielleicht haben es sich einige von vorne bis hinten in einem Stück vorgenommen, andere womöglich querbeet nach den Themen suchend, die sie am meisten ansprechen. Wenn es davon unter den 28 einige gegeben hat, freue ich mich sehr.

Wer das Buch hingegen tatsächlich als Stundenbuch benutzte und sich viermal am Tag die Entspannung, die Reflexion, die Verinnerlichung, seinen persönlichen Raum für Spiritualität »gönnte«, kann ein Stück weit nachvollziehen, wie aktuell die Regel des heiligen Benedikt gerade in unserer heutigen Zeit ist.

Die Biografie und das Schaffen Benedikts von Nursia ist ein großer Schatz unserer Kultur. Er gehört nicht nur den Benediktinern oder den Ordensgemeinschaften – er gehört uns allen. Wenn Sie fortsetzen möchten, was mit diesem Stundenbuch begann, eignet sich auch die *lectio divina,* an die ich hier noch einmal erinnere.

Dieser ursprünglich benediktinische Begriff bedeutet soviel wie »lesende Beschäftigung mit heiligen Texten«. Jeder Mönch sollte sich neben den gemeinsamen Gebetszeiten eine Zeit für Lektüre von für seine innere Entwicklung wichtigen Texten vornehmen. Für mich persönlich sind das neben meinen Lieblingsstellen aus der Bibel Bücher geistlicher Lehrer, wie Augustinus oder Meister Eckhart, die Sprüche der ersten Mönche aus der Wüste, aber auch Philosophen der Antike wie Epikur, Seneca oder die zeitgenössischen Denker Hans Jonas, Gianni Vattimo und Wilhelm Schmid.

Wichtig ist, sich immer wieder mit grundsätzlichen Fragen des Lebens auseinander zu setzen, auch solchen, die momentan weit weg zu sein scheinen. Sammeln Sie die Themen, die Sie persönlich beschäftigen, ob es Ihnen recht ist oder nicht, ob Sie darüber lachen oder weinen müssen. Halten Sie sie von Zeit zu Zeit auch schriftlich fest und räumen Sie für sich und die Fragen, die Ihnen wichtig sind, feste Zeiten und Rituale ein.

Finden Sie den Mönch in sich!

Zitierte Literatur

Bachmann, Ingeborg: Der Tod wird kommen; Werke 2. Band, München, Zürich 2002

Camus, Albert: Der Myhtos von Sisyphus, Reinbek 1992

Camus, Albert: Der Fremde, Reinbek 1994

von Clairvaux, Bernhard: Das Herz weit machen. Kontemplation und Weltverantwortung, Zürich, Düsseldorf 1997

Dethlefsen, Thorwald; Dahlke, Rüdiger: Krankheit als Weg, München 1990

Erzbistum München (Hrsg.): Gotteslob. Katholisches Gebet- und Gesangbuch

Fried, Erich: Es ist was es ist. Liebesgedichte. Angstgedichte. Zorngedichte, Berlin 1983

Fried, Erich: Gesammelte Werke, Berlin 1993

Frisch, Max: Stiller, Frankfurt 1990

Habermas, Jürgen; Ratzinger, Joseph: Dialektik der Säkularisierung, Freiburg 2005

Polt, Gerhard: Circus Maximus, Zürich 2002

Ratzinger, Joseph: Einführung in das Christentum, München 2000

Riemann, Fritz: Grundformen der Angst, München 2003

Salzburger Äbtekonferenz (Hrsg.): Die Regel des heiligen Benedikt, Beuron 1990

PIPER

Julian Baggini

Der Sinn des Lebens

Philosophie im Alltag. Aus dem Englischen von Sonja Hauser. 208 Seiten. Serie Piper

Läßt sich die größte aller philosophischen Fragen, die nach dem Sinn des Lebens, wirklich endgültig beantworten? Der berühmte Philosoph Bertrand Russell zum Beispiel konnte dies nicht, als ein Taxifahrer ihn danach fragte. Julian Baggini vermag auf besondere Weise zu zeigen, daß wir selbst die Antworten auf die letzten Fragen finden müssen. Dafür stellt er uns in seinem Buch ein wunderbares Handwerkszeug zur Verfügung. Damit wir mit ihm über die Natur des Menschen nachdenken können, bemüht er nicht einfach nur Thomas Hobbes, sondern den Italowestern eines Sergio Leone. Das Selbst und die Seele erläutert er mit Aussagen von Madonna. Ob er Tschechows »Möwe«, den Film »Sunset Boulevard«, Aristoteles, »Rain Main« oder Kant heranzieht – Bagginis außergewöhnliches Talent, Philosophie lebendig werden zu lassen, schafft ein Lesevergnügen der besonderen Art. Und es lehrt uns zugleich, auf dem Boden der philosophischen Tradition lustvoll eigenständig zu denken.

01/1547/01/R

PIPER

Volker Spierling

Kleine Geschichte der Philosophie

Große Denker von der Antike bis zur Gegenwart. 446 Seiten. Gebunden

»Philosophie ist für alle da. Ihre Fragen gehen jeden an, und ihre Antworten ermuntern zum Nach- und Weiterdenken.« Davon ist Volker Spierling überzeugt. Sein Buch vermittelt einleuchtend und treffsicher die zentralen Gedanken der bedeutendsten Philosophen von der Antike bis zur Gegenwart. Die einzelnen Kapitel werden mit Kurzbiographien eingeleitet, die unmittelbar vor Augen führen, daß es lebendige Menschen waren, die die großen Gedanken hervorgebracht haben, Menschen mit konkreten Schicksalen, eng verflochten mit dem Geschehen ihrer Zeit. Jede Epoche wird durch einen kurzen Überblick eingeleitet, der über die geistigen Motive der Zeit, über die Abfolge der wesentlichen philosophischen Richtungen und Positionen informiert. Das Buch schließt mit einem hilfreichen Lexikonteil, der über 200 Werke der behandelten Philosophen von ihren Inhalten her kurzgefaßt vorstellt.

01/1408/01/R